實用自修四介松都治簿法 全

# 사개송도치부법

현병주 저

정기숙 주·역

經文社

# 역자 서문

회계는 인류의 경제생활과 불가분의 관계에 있다. 경제가 발달하면 회계가 필요하게 되고, 역으로 회계는 경제발전을 촉진시켰다. 인간이 마련한 경제시스템인 자본주의는 고도의 정교한 회계시스템이 필요하고, 고도의 발전된 회계시스템은 자본주의 발전에 기여하였다.

인류문명의 발상지인 칼데아 · 바빌로니아 · 앗시리아 및 슈멜의 문명은 세계 최고의 문자와 현존하는 최고의 상업기록을 남겨놓았다. 이집트는 파피루스 종이를 사용하였기 때문에 기록이 용이하였고, 바빌로니아와 유사한 형태의 발전을 하였다. 중국도 서주(西周)시대(기원전 11세기~기원전 771년)부터 관청회계가 발달하였다. 회계는 그 발생의 초기를 보더라도 반드시 자본주의와 관계가 있는 것이 아니고 인류가 경제활동을 하게 되면서 회계가 필요하다는 것을 인식하게 되었다. 오늘날에도 영리조직뿐만 아니고 비영리조직도 고도의 회계시스템이 필요하다. 그러나 고대의 회계는 주로 기록 위주였으며 복잡 다양한 경제시스템을 표현하는 데 한계가 있었다. 회계는 경제활동의 기록시스템이면서도 윤리적인 특색을 가지고 있다. 중세 이탈리아의 상인이나 개성상인들은 고도의 윤리의식을 가지고 있었다. 아무리 고도로 발달된 회계시스템이라 하더라도 윤리가 전제되지 않은 회계정보는 쓰레기일 뿐만 아니라, 조직이나 사회를 혼란에 빠뜨리게 한다.

중세 지중해를 중심으로 상거래와 무역이 활발하면서 각 경제주체는 보다 정교하고 합리적인 회계시스템이 필요하게 되었다. 상거래는 반드시 쌍방이 있게 마련이고, 쌍방이 서로 주고받는다는 점에서 이중적인 성격을 필연적으로 가지게 된다. 이 이중적인 성격을 기록의 형태로 표현한 것이 복식부기시스템이다. 후세대의 시각에서 본다면 복식부기시스템의 창안은 합리적인 경제적 사고를 하게 되면 누구나 생각할 수 있는 것이다. 그러나 복식부기시스템을 처음 창안한 상인, 조직 및 지역은 분명히 독창적이고 창조적인 사고를 할 수 있는 환경적인 영향이 있었을 것이다.

일반적으로 복식부기는 중세 이탈리아를 중심으로 한 지중해 연안 국가에서 발전되어 왔다는 것이 통설이었다. 이 통설이 아직 유력한 설로 자리잡고 있다. 그런데 유럽의 정반대편인 아시아, 즉 한국에서도 독창적인 복식부기시스템을 가지고 있었다는 것이 20세기 초에 세계에 알려지게 되었다. 그 시초는 타무라 류슈이(田村流水)의 1917년 『東京經濟雜誌』의 기고, 수토 분기찌(須藤生文吉)의 고베고등상업학교『學友會報』의 기고, 1918년 오스트레일리아 회계사 기관지인『The Federal Accountant』의 편집후기이다. 이 발표들은 사개송도치부법이 고려 시대에 발생하였으며 이탈리아 베니스식 복식부기보다 200년이나 앞섰다고 주장하고 있다. 이러한 발표를 하게 된 계기는 1916년 현병주(玄丙周)의『實用自修四介松都治簿法全』의 출간이라고 사료된다. 개성부기의 고려 시대 발생설은 당시의 실제 장부에 의해서 주장한 것은 아니다. 다만 송도(松都)가 고려의 수도였고, 고려 시대 이후에도 개성에서 상업이 활발하였기 때문에 고려 시대 발생을 주장한 듯하다. 비록 고려 시대의 사개송도치부법(한국의 고유부기 또는 개성부기라고도 칭한다)에 의한 장부가 발견되지 않았을지라도 사개송도치부법이 고려 시대에 발생하였을 것이라는 개연성은 충분히 있다. 앞으로 고려 시대의 사개송도치부법에 의한 장부를 발견하는 것은 우리들의 책무이다.

2008년 백제문화재연구원이 부여 쌍북리 280-5번지에서 좌관대식기(佐官貸食記)라는 목간(木簡)을 발굴하였다. 백제 무왕 618년의 목간으로서 좌관이라는 관청 또는 관리가 곡식을 빌려주고 받은 회계기록이다. 이러한 사실로 미루어 짐작하건대 고려 시대의 회계기록도 발견될 수 있을 것이라 생각한다. 특히 고려 시대에는 승시(僧市)가 발달하였기 때문에 고사찰(古寺刹)에서 고려 시대의 회계기록을 찾을 수 있기를 기대해 본다.

사개송도치부법에 의한 장부 중 가장 오래된 것은 1786년에 기록된『他給長冊』第三이다. 1786년의 장부 이후에는 개성부기장부가 많이 발견되고 있다. 그 중에서 2000년대 초에 발견된 박영진가 소장의 장부는 거의 완벽한 상태로 보존되어 있는 장부이다. 일기장, 장책, 주회계 및 보조부들이 현존하고 있는데, 일기장은 1887년부터 1912년까지 장부가 현존하고 있다. 우리나라는 중국과 일본보다 더 많고 다양한 회계기록을 보유하고 있다. 우리나라는 상업 장부뿐만 아니라 왕실의 장부, 서원의 장부, 각종 계의 장부 등 수많은 회계문화 유산을 가지고 있다.

현병주의『實用自修四介松都治簿法全』은 자기 나라의 고유 부기를 해설서 또는 교재 형태로 출판된 것으로서, 동양권에서 최초이며 유일한 도서이다. 우리나라의 문헌으로 사개송도치부법을 처음 언급한 것은 1908년 김대희의『應用商業簿記全』인데, 총론(總論)에서 "吾國은 松都人의 발명으로 全國에 通用ᄒᆞᄂᆞᆫ 所謂 四介足治簿라ᄒᆞᄂᆞᆫ 法이 유ᄒᆞ고"라고 서술하고 있다. 현병주는 "조선 송도에 일찍 일종의 상업부기가 있었는데, 학술적으로 아직 전수되지 않고 있고 널리 사용되지 않아 식자들이 심히 한스럽게 생각하고 있다."면서『實用自修四介松都治簿法全』의 저술 취지를 말하고 있다.

현병주는 어떠한 과정을 거쳐 『實用自修四介松都治簿法全』을 저술하였는지 소상히 밝히진 않았으나 개성상인이 작성한 장부를 보고 저술하였을 것으로 짐작된다. 그의 저서에서 개성인 김경식(金璟植)과 배준여(裵俊汝)와 함께 조사하고 검열하였다고 기록하고 있기 때문이다. 김경식과 배준여는 개성상인 또는 사개송도치부법을 알고 있는 전문가로 짐작된다.

『實用自修四介松都治簿法全』에서 설명하고 있는 개성부기는 복식부기의 특징인 거래의 이중성과 봉급(捧給)평균원리(즉 대차평균원리)에 의해서 작성되었다. 기장순서도 일기장(분개장), 장책(총계정원장), 시산(試算) 및 결산의 순서를 지키고 있다. 일기장 18일자 거래 다음에 기입된 去의 호산(胡算) 〡万〧〩〢十圓(17,920원)에 18일자의 현금잔액 5,712원50전을 더하면, 入의 호산 〢万〣〦〣〢〥十錢(23,632원50전)과 일치하는데, 이것이 대차평균원리에 따른 시산이다. 이 시산은 복식부기의 특징인 거래의 이중성과 대치평균원리에 따른 장부의 자기검증기능이다. 결산은 회계책에 기입되어 있으며 현병주는 이를 보조부라고 말하고 있으나 회계책은 결산서와 같은 것이다. 현병주는 재무제표에 대하여 설명하지 않고 있는데, 당시 개성부기는 외부보고용이라기보다는 내부보고에 중점을 두었기 때문이라고 사료된다. 장부마감도 설명하고 있으나, 후록(後錄) 복부(復簿)의 처리에 혼동이 있다. 후록은 마감기입과 관련하여 회계처리 하여야 하는데 그렇지 못하였다. 이상의 것 외에도 설명의 오류, 기입의 누락 및 오류가 있다. 그러나 이러한 사소한 오류가 있다 하더라도 『實用自修四介松都治簿法全』이 개성부기가 복식부기의 구조를 완벽하게 갖추고 있다는 논리를 설명하는 데 아무런 지장을 주지 않는다.

개성부기와 서양부기가 다른 점은 첫째, 기록하는 문자가 다르다. 둘째, 기록형태, 즉 개성부기는 종서(縱書)로 기록하고 서양부기는 횡서(橫書)로 기록하는 것이 다르다. 이것 외에는 개성부기와 서양부기가 근본적으로 같다. 다만 개성부기의 몇 가지 특이점이 있으나, 이런 것들은 서양부기에서도 시대와 환경에 따라 나타나고 있는 현상이다. 그 몇 가지 예를 들어보면 다음과 같다.

① 개성부기는 현금식 분개를 하고 있는데, 이것은 현대의 서양식 은행부기에서도 나타나고 있고, 중세 이탈리아의 장부에서 나타나고 있다. ② 개성부기는 채권과 채무의 많은 인명계정을 사용하고 있는데, 서양부기에서도 거래가 많지 않은 기업에서는 인명계정을 사용하고 있다. ③ 상품계정도 개별 상품명을 계정으로 사용하고 있는데, 이것도 개성부기가 발전하면서 매입에 관계되는 상품은 매득(買得)계정, 매출에 관계되는 계정은 방(放) 또는 방입(放入)계정을 사용하고 있다. ④ 개성부기는 총계정원장을 외상장책(자산원장)과 타급장책

(부채원장)으로 구분하고 있는데, 서양부기는 구분하고 있지 않다. 그 구분의 의미는 중요하지 않다. ⑤ 개성부기는 장부마감과 결산에 대해 명료하지 못한 점이 있으나, 서양부기도 초기에는 같은 현상이라고 사료된다. ⑥ 개성부기는 결산서, 즉 재무제표가 미비한 점이 있으나, 이 점은 당시 외부보고용 재무제표를 중요시하지 않았기 때문이라고 사료된다. 이러한 현상은 서양부기도 마찬가지이다. ⑦ 개성부기는 서양부기보다 많은 기호를 사용하고 있다.

이상의 것 외에도 이자계산, 도중회계 등이 개성부기의 특징이라고 할 수 있으나, 이러한 것들은 기장의 방식이라기보다는 경제활동에 따른 차이라고 말할 수 있다.

18세기 후반부터 서양문물이 동양에 내습하여 동양의 모든 문물이 서양의 영향을 받게 되었다. 개성부기도 이 영향에 예외가 될 수 없었다. 초창기의 조선은행, 한성은행 및 대한천일은행은 사개송도치부법을 사용하였으나, 일본 제일은행으로부터 자금을 차입한 은행은 서양식 부기에 의해 회계처리 할 것을 요구받게 되었다. 그리고 1906년에 공포된 은행조례(銀行條例)는 서양식 영업보고서와 대차대조표를 작성하여 신문 등에 발표할 것을 규정하였다. 1940년대까지 사개송도치부법을 사용한 장부들이 있으나, 개성부기는 실무에서 점차 사라지게 된다. 개성부기는 사라졌으나, 개성부기를 창조한 합리적 정신까지 사라진 것은 아니다. 개성부기를 창조한 합리적 정신은 서양부기에 내재되어 서양부기를 더욱 발전시키는 계기가 되었을 것이라고 믿는다. 왜냐하면 한국고유부기와 서양부기는 모두 거래의 이중성과 대차평균원리에 바탕을 두고 있기 때문이다.

사용하지도 않는 개성부기를 왜 연구하느냐는 의문도 가질 수 있겠으나, 보다 중요한 것은 우리들의 조상들이 합리적인 사고에 의해 경제활동을 해왔다는 사실을 고찰하려는 것이다. 한국고유부기를 창조한 문화적 DNA가 우리들의 뇌리에 잠재되어 오고 있을 것이고, 이러한 문화적 DNA를 승계 발전시켜 오늘날의 환경에 적합한 회계문화를 창조하는 것은 우리들의 몫이라고 사료된다.

『實用自修四介松都治簿法全』을 현대 한국어로 번역하는 데에는 많은 주석이 필요하였다. 그래서 원문을 쓰고, 주석이 필요한 곳에는 주석을 첨부하였다. 번역문에서는 원문과 주석을 참작하였다. 즉 원문의 해석상 오류, 계산상의 오류 및 오기를 수정하여 번역하였다.

이 책은 제1편 사개송도치부법의 원문, 주석 및 번역, 제2편 사개송도치부법의 서양부기 체제로의 전환, 제3편 현병주의 사상과 생애, 그리고 부록 『實用自修四介松都治簿法全』 원문의 복사본으로 구성되어 있다. 『實用自修四介松都治簿法全』은 1916년 12월 15일 초간 발행, 1928년 10월 15일 2간 발행, 1928년 10월 20일 3간 발행되었다. 이 번역은 3간에 의하였다.

이 책을 번역하려다 몇 차례 중단하였으나, 마무리하여 발표하라는 전성호 교수의 권유에 의해 다시 용기를 내어 번역을 마무리하였다. 전성호 교수에게 감사드리며 번역문의 수정에 도움을 준 조만식 공인회계사와 김영화 교수에게 감사의 말씀을 드린다. 이 책의 번역에서 발생한 오류는 모두 번역자의 책임이며, 많은 질정(叱正)이 있으시기를 바랄 따름이다.

2015년 9월 역자 정기숙

# 책의 편제(編制)

## 제1편 사개송도치부법의 원문, 주석 및 번역

## 제2편 사개송도치부법의 서양부기체제로 전환



## 제3편 현병주의 사상과 생애

# 제1편 사개송도치부법의 원문, 주석 및 번역

## 序

余ㅣ①往年에飄游江湖하야週觀市巷之細情일새其交涉也에必有商業家이오其關係也ㅣ亦有商業家이라第觀商業之規範에不有不病者하니何其不規之甚也오商業諸家는不知簿記之爲重要하고凡執文簿에各其自家所料로臨時治去하니記法이荒雜無律하야甲家之簿를乙不能解하고乙家之記를丙莫知焉이라雖然이나此是非不以簿記爲必要이라實由於治法之不得聞焉이로다東方에初無學術的簿記로以爲傳授之例也에何오噫라朝鮮松都에曾有一種商業簿記이나此亦未嘗以學術傳授하야用度不博애深爲識者之所恨이러니風潮一變以來로革新諸君이覺悟時務하고於是乎飜之譯之②하야各種簿記가別設學術上一世界이나其圖式及文字가概是西人之式也ㅣ라不有專門之工者이면反不能釋하니③不云簿記之不是라亦如普通知識之不及에何오商業簿記는終不改轍하고依舊不範일새余欲因勢而導今하야畧涉簿記者로輯此一編하니須不用新式하고依倣習例이라一以供普通自修之便宜하고一以俟他日大家之加功焉하노니是可謂朝鮮簿記法之嚆矢也라覽此諸家는垂意精涉하면應用實例에其則不遠하리라

歲在山曆丙辰之流火節

著者識

**주석**

① ㅣ는 '이'의 모음만 표기한 것으로 현대국어문법에서는 사용하지 않으며 주격조사 '가'에 해당된다.

② 임경재가 1908년 『신편은행부기학』과 『간이상업부기학』, 김대희가 1909년 『응용상업부기학–부공업부기학』을 저술함. 저자인 현병주는 이들 저서를 번역서라고 본 듯하다.

③ 한백흥은 『민족은행생성사연구』(도서출판 시나리오 알타, 1996), pp. 120-121에서 서양식부기 해독의 어려움을 말하였다. '재래식 치부법을 사용하던 민족은행 중에서 1903. 12. 7. 공립을 표방하고 나선 한성은행은 그 경위야 어떻던 제일 먼저 아라비아 숫자를 사용한 횡서체 서구식 부기를 채용함으로서 기념적 의의를 지니게 됐던 것이다. ……당시 은행장 이재완이나 부장 김종한은 이와 같은 횡서체 신식부기를 볼 줄 몰라, 실무를 총괄한 우총무 한상용은 따로 한문 장부를 만들었다고 술회하고 있다.'

**번역**

## 서 문

내가 지난날 전국을 돌아다니며 도시와 항구의 사정을 두루 살펴보았는데 그 교섭에는 반드시 상인이 있고, 그 관계를 가지는 데에도 역시 상인이 있어야 했다. 상업의 규범에 대한 것을 살펴보건대, 문제가 많고 그 불규칙이 너무 심하다는 것을 알게 되었다. 상인은 부기의 중요성을 알지 못하고, 일반 장부의 작성에 있어서 자가의 방식대로 임시방편으로 기장하여 그 방법에 법칙이 없고 잡다하였다. 따라서 갑의 장부를 을이 해득하지 못하고, 을의 기장을 병이 알지 못하게 되어 있었다. 그러나 이러한 시비는 부기가 필요 없다는 것이 아니라, 실제 이유는 장부를 정리하는 방법인 치부법을 알지 못하기 때문이다. 동방에는 학술적인 부기가 없는 것으로 여겼으나, 전수되어 온 실제 예가 있다. 아아, 조선 송도에 일찍이 일종의 상업부기가 있었다. 그러나 이것 역시 학술적으로 아직 전수되지 않고 있고, 널리 사용되지 않아 식자들이 심히 한스럽게 생각하고 있다.

세상이 격변하고 있기 때문에 혁신적인 여러 사람이 시대적 책무의 각오로 부기서를 번역하였다. 각종 부기가 학술상 하나의 체계를 가지고 있으나, 그 도식과 문자가 대개 서양식이라 전공을 하지 않는 사람이면 능히 해석할 수가 없다. 부기가 옳지 않다고 말하는 것이 아니나, 보통지식으로는 이해할 수 없으니 어떻게 할 것인가? 상업부기는 끝내 개선되지 않고, 옛 그대로여서 모범으로 삼을 수가 없다. 내가 세태를 파악하고 현재를 인도하기 위해 부기에 대한 지식을 다소 가진 사람으로서 이 책을 편찬하는 바이다. 신부기를 사용하지 않고도 예제를 들어서 설명하였다. 한편으로 일반 자습의 편의를 제공하고, 다른 한편에 있어서는 후일에 대가들의 노력을 기다리고자 한다. 조선부기법의 효시라고 할 수 있는데, 여러분이 이 책을 보고, 뜻을 두고 정진하면 응용 실례의 법칙을 이해하는 것은 그리 오래 걸리지 않으리라고 생각한다.

1916년 7월 저자

# 目 次

# 實用自修四介松都治簿法 全

德興書林 藏板

錦江漁父　玄丙周　編輯

開　城 {金環植 / 裵俊汝} 幷閱

## 第一章　通論

治簿法이라云한者는卽今之簿記式이니自來로朝鮮의簿記는各官廳文簿를除한外에는各社會에一定한定式簿記가無하얏나니何로由함인고此는簿記를學術에付치아니한事實이라社會上에一日이라도不可缺할簿記로서最히親切히酬用하는곳은商業家이니人民社會의交際家이오金錢貸借와物品去來하는間에選定된機關手으로金錢과物品이移動하는機會이면必竟紹介者이되고恒常主務者된商業家가簿記를捨하면何로能히自己業의端緖를領會하야眞狀을考據하리오此와如히必要함으로知하는同時朝鮮在來의商業家는各其意見를做出하야千差萬別로記去하는文簿가有하나僅히自己의意思를表示한者으로自己만自覺하야記憶할뿐이오그文簿로他人의게引繼하야叅考케할境遇를當하면引繼者이能히解釋치못하니엇지簿記라指稱할價値가有하리오朝鮮에도價値가有한簿記式은東洋商業에先發明者된松都商業家로서曾히使用하는四介治簿法이有하야遙遙히伊太利쎄니스府에서發明한卽新式簿記法과符合이되야其補助簿의區別과貸借一覽表等의幾種은記入法의方式關係로差別을生하나主要簿의綱領은毫釐도不差하니라그러나今日에相當한簿記式을公衆의게普及코저할진대寧히東西에傳播되야廣博히輪用하는新式簿記式이勿論的當하다하겟스나도리혀此는文字가不同하고圖式이複雜함으로簿記專門家를除한外이면簿記에素養이有한松都商業家의眼目에도生疎함을免키難한지라此編은優先吾人眼目의慣習된治簿法으로商業文簿의導火線을作하야急히朝鮮商業家의文簿를整理코저함이니新式簿記式의普及期는商業이發達된後日을俟하리라

번역

## 제1장 통론

치부법이라는 것은 오늘날의 부기이다. 전부터 조선의 부기는 각 관청의 문부(文簿)를 제외하고, 여러 사회에 일정한 정식부기가 없었는데, 그 이유는 무엇 때문인가? 이는 부기를 학술로 취급하지 않았기 때문인 것 같다. 사회에 있어서 하루라도 없어서는 안 되는 것이 부기인데, 가장 잘 받아들이는 사람은 상인이다. 일반 사회의 매개자이고, 금전대차와 상품거래의 중간에서 기관수와 같은 역할을 하는데, 금전과 물품이 거래되는 경우에는 반드시 소개자로서 역할을 담당하게 된다. 상거래의 주무자인 상인이 부기를 사용하지 않으면 무엇으로 능히 자기 사업의 상황을 이해하여 진상을 파악할 수 있는가? 이와 같이 부기의 필요함을 알고자 하여 조선재래 상인은 문부를 가지고 있으나 각각의 의견에 따라 기장하는 방법이 천차만별이었다. 이 문부는 겨우 자기의 의사를 표시한 것으로써 자기도 자각하여야 기억할 수 있게 되어 있어서 타인에게 인계하여 참고하게 할 때 인계자가 충분히 해석하지 못하는 경우가 있으니 어떻게 이것을 부기라고 지칭할 가치가 있는가?

조선에도 가치가 있는 부기가 있는데, 그 부기가 송도상인이 일찍부터 사용해온 사개치부법이다. 이 사개치부법은 아득한 옛날부터 이탈리아 베니스에서 사용해온 신식부기법에 부합하며 보조부의 구별과 대차일람표 등의 종류는 기입방법의 방식관계에서 차이가 있으나 주요부의 기본원리는 조금도 차이가 없다. 그러나 오늘날에 알맞는 부기를 일반인에게 보급하려고 할 경우 동서양에 전파되어 널리 받아들여지고 있는 신식부기가 시의적절하다고도 할 수 있다. 그러나 베니스식 부기는 문자가 다르고 도식이 복잡함으로 부기전문가를 제외하면 부기에 소양이 있는 송도상인의 안목에도 생소한 것이라고 말할 수 있겠다.

이 책은 우선 우리들 안목에 익숙한 치부법으로 상업문부의 도화선을 만들어 시급히 조선상인의 문부를 정리하는 데 이바지하고자 편찬하게 된 것이다. 신식부기의 보급은 상업이 발달한 후일을 기다려야 할 것이다.

# 第二章　簿記의原因

物品을左手로十錢에買得하야右手로十一錢에直放하얏다던지或午正末分에二十錢現金으로買收한物件을午後零時初分에十九錢五厘로直放하는것갓흐면一錢의利益과五厘의損害가登時[①]發覺되고賣渡者와買受者雙方의關係가直席에消滅될지라일이모다이러한것만갓흐면簿記가업서도足하다할지나매양吾人의平生은物品과金錢을依賴하야生活하는者인즉各기生活의程度를짜루어物品去來와金錢貸借間에關係가頻繁할지라外上으로주는것도有할지며打給[②]으로밧난것도有할것이오갑흘것를數三朔에清帳[③]치못하기도할지며밧을것을一二年을連拖[④]하야幾個年後에整理하는細音[⑤]도未嘗不만흔中千葉萬枝로小한者에는幾十幾百圓의去來와大한者에는幾千幾萬圓의損益이有할지니簿記를捨하면已久한去來를何로써記憶하며數多한損益을何로써分析하리오簿記의原因이於是乎發生된者이니簿記는其人의一種歷史에付한者이니라

**주석**

① 등시(登時)는 즉시, 즉각.

② 타급(打給)은 타급(他給)과 같은 뜻.

③ 청장(淸帳)은 청산(淸算)과 같은 뜻.

④ 연타(連拖)는 연기한다는 뜻.

⑤ 세음(細音)은 적다 또는 미세하다는 뜻.

**번역**

## 제2장　부기의 원인

물품을 왼손으로 10전에 매입하여 오른손으로 11전에 바로 팔았다든지, 또는 정오에 20전 현금으로 매입한 물건을 오후에 19전 5리로 바로 팔았다면 1전의 이익과 5리의 손실을 동시에 알 수 있게 되고, 매도자와 매수자 쌍방의 관계가 즉석에서 소멸된다. 이와만 같다면 부기가 없어도 된다고 할 수 있겠다. 그러나 우리들은 평생 물품과 금전을 사용하며 생활을 하여야 한다.

각자의 생활의 정도에 따라 다르겠으나, 물품거래와 금전대차의 관계가 빈번한 경우, 외상

으로 파는 것도 있을 것이고, 외상으로 매입하는 것도 있을 것이다. 갚을 것을 수개월 갚지 못하고, 받을 것도 1～2년 끌어 수 개년 후에 정리하는 경우도 많은데, 거래는 천 가지 만 가지로 적은 것에는 수십, 수백 원에서 큰 경우에는 수천, 수만 원의 손익이 발생하고 있다. 부기를 사용하지 않으면 이러한 거래를 어떻게 기억하며, 손익을 무엇으로 분석할 수 있는가? 부기의 원인이 이러한 연유로 발생된 것인데, 부기는 한 사람 또는 한 상인의 역사와 같은 것이다.

# 第三章　貸借에權利와義務를屬하야論함

簿記의組織은恒常貸借가發生됨으로브터起点되나니簿를治코저하는時는不得不貸借가如何함을先히研究하야볼일이라貸는「남을주는것」借는「내가밧을것」이라하면足하겟스나此等單純한說明으로는複雜한要点을到底히解釋지못할지라貸라하면勿論나의權利를貸하야준것이오借라하면勿論남의게義務를진것갓흐되是를反하야貸에도나의義務를履行할時가有하고借에도나의權利를恢復할時가有하니此와如한種類난남의게借用하얏던것을支拂하난貸方①과남의게貸下하얏던것을返濟하난借方이곳是라此等種類別의貸借가輪轉不息하야相勝相負를競爭하난同時에權利義務가一高一低하며金錢上損益의變化가生하나니라

**주석**

① 貸方과 借方은 貸邊과 借邊의 일본식 표현이다. 현병주가 일본에서 수학했는지 여부는 기록으로는 알 수 없으나, 분명히 일본의 부기서나 당시 한국에서 발간된 부기서를 가지고 연구한 것이 확실하다. 그 근거는 『四介松都治簿法』의 여러 곳에서 나타나고 있다.

**번역**

## 제 3 장　대차에 권리와 의무를 부여함에 대하여 논함

부기의 조직은 항상 대차가 발생됨으로부터 시작된다. 부기를 기장하려고 하면 반드시 대차가 어떠한가를 먼저 알아야 한다.

일반적으로(복식부기에서는) 대(貸)는 「남에게 주는 것」, 차(借)는 「내가 받을 것」이라고 하면 되겠으나, 이러한 단순한 설명으로는 복잡한 요점을 도저히 해석 못할 경우가 있다. 대(貸)라고 하면 물론 나의 권리를 대(貸)하여 준 것이고, 차(借)라고 하면 물론 남에게 의무를 진 것이다. 그러나 이와 반대로 대(貸)에도 나의 의무를 이행할 경우가 있고, 차(借)에도 나의 권리를 회복할 경우가 있다. 이와 같은 유형은 남에게서 차용하였던 것을 지급하는 대변과 남에게 대여하였던 것을 반제 받는 차변이 바로 이러한 것이다. 이런 종류의 대차가 끊임없이 일어나서 서로 득보고 손해 보는 것이 경쟁하는 것과 함께 권리의무가 발생하고 소멸하면서 금전상 손익의 변화가 일어나게 되어 있다.

# 第四章　金櫃가主體[①]되는例

一法이有하야簿를治하난人으로貸借上權利義務를容易히辨析할道利가有하니貸借를主務하난其人은權利義務가自身에屬한것으로觀치말고一切權利義務를金錢을容收하는金櫃의게讓與하고自己의地位까지辭免하야金櫃도主務代表者를敍任한後,金錢을借用한人이有하며金櫃가金錢借用人의게對하야借用한金錢을收入할權利가有하고反是하야他人의金錢을借入한時는金櫃가貸下한人의게對하야貸下할金錢을支拂할義務가有함으로觀하며自己난中立으로金櫃의金錢貸借를紹介周旋하난居間이될지니同一히實例를擧하면曾往에松都日簿記에난當日時在(卽殘高)를金櫃還去라記하얏다가次日同帳初行에金櫃借入이라更히轉記하니라

**주석**

① 금궤주체설은 일리가 있는 주장이나 실제로 개성부기나 현병주의 저서에서는 금궤주체설에 따라 기장 처리하지 않았다. 실제 여타 개성부기의 장부나 현병주 저서의 예제에서는 금궤환거 또는 금궤차입이라는 용어를 사용하지 않고 있다.

**번역**

## 제 4 장　금궤가 주체가 되는 예

장부를 복식부기로 기장하는 사람에게 대차의 권리의무를 분별할 수 있는 한 가지 방법이 있는데, 대차를 다루는 담당자는 권리의무가 자신에게 속한 것으로 보지 말고, 일체의 권리의무는 금전을 보관하는 금궤에게 양여하고 자기의 지위를 버리는 것이다. 금궤가 주무대표자(主務代表者) 즉 주체라고 보면, 금전을 차용한 사람이 있는 경우 금궤가 금전차용인으로부터 금전을 받을 권리가 있는 것이다. 이와는 반대로 타인으로부터 금전을 차입할 때는 금궤가 대여한 사람에게 그 금전을 지불할 의무가 있다. 이렇게 본다면 담당자는 중립으로 금궤의 금전대차를 소개 주선하는 거간의 입장에 서게 된다. 그 실례는 송도일부기(松都日簿記)에서 볼 수 있는데, 그 장부에서 당일시재를 금궤환거(金櫃還去)라고 기입하였다가, 다음 날 같은 장부 첫 줄에 금궤차입(金櫃借入)이라고 다시 전기한다는 것이다.

## 第五章　商品을人으로認定하는例

上에述한바와갓치金櫃가金錢을自然人의게貸下한境遇면勿論金櫃난自然人의債權者이되고自然人은金櫃의債務者가되려니와金櫃가金錢으로物品을買收한時는金櫃가物品의債權者이되야何時라도物品이借用한金錢을收入할權利가有하고商品은金櫃의債務者이되야何時라도自己價値를金錢으로變하야金櫃의게返還할義務가有하나니物品이金櫃에對한義務가卽自然人과同一하니라次下治簿法에買得한物品이準木[①]이면準木秩[②]이라江布[③]이면江布秩이라한것은自然人의姓名과同一히示할지니實例난下圖를叅觀하라

### 圖式

左는金櫃가債用自然人의게百圓을貸下하엿더니自然人이一定한期限에利殖二十圓을幷하야返償하는圖이오

右는金櫃가買得物品의게千圓을貸下하엿더니物品은半年三個月만에利殖七百圓을幷하야返償하는圖이라

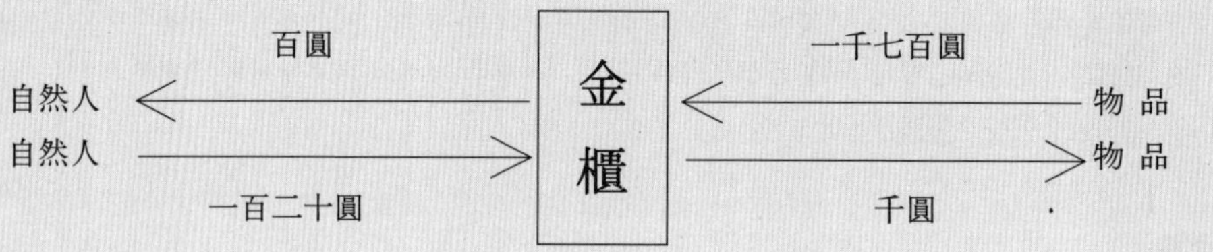


**주석**

① 준목은 무명의 일종이다. 광목이라고도 한다.

② 질(秩)은 사개송도치부법에서 사용되는 특수문자이다. 질(秩)의 사전적 의미는 차례, 차례로 쌓아 올리다, 정돈하다의 뜻이 있다(두산동아, 東亞百年玉篇, 2003). 그리고 이두(吏讀)에서 질질(秩秩)은 갖가지, 낱낱이라는 뜻이 있다(정세경, 이두자료읽기사전, 한양대학교출판부, 2007). 질은 어떤 사물을 의인화(擬人化) 즉 인명계정이 아닌 재화의 여러 종류에 계정(計定)이라는 단어를 붙여 의인화 한다는 주장도 있으나 그것보다 재화를 구별하기 위해 사용한 것이다. 즉 질은 계정이라는 뜻과 같다. 한국의 전통부기 중에서 사개송도치부법뿐만 아니라 조선왕실 회계의 일기장, 옥산서원의 일기장의 일종인 회계기(會計記)에서도 질(秩)자를 사용하고 있다. 이 때 질(秩)자를 사용하는 것은 재화를 종류별로 구별하기 위한 것으로, 현대 부기에서 사용하는 계정(計定)과 같은 의미를 가지고 있다.

③ 강포는 강원도에서 나는 베.

번역

## 제 5 장 상품을 사람으로 인정하는 예

앞에서 설명한 바와 같이 금궤가 금전을 자연인에게 대여한 경우에 금궤는 자연인에 대하여 채권자가 되고, 자연인은 금궤에 대해 채무자가 된다. 금궤가 금전으로 물품을 매입할 때는 금궤가 물품의 채권자가 되어야 언제라도 물품이 차용한 금전을 받을 권리가 있게 된다. 상품은 금궤의 채무자가 되어 언제라도 자기가치를 금전으로 바꾸어 금궤에게 반환할 의무가 있게 된다. 물품이 금궤에 대한 의무자가 된다는 점에서 자연인과 동일하다. 이와 같은 치부법에서는 매입한 물품이 준목(準木)이면 준목질(準木秩)이라고 기입하고, 강포(江布)이면 강포질(江布秩)이라고 기입하는 것은 자연인의 성명과 동일하게 나타내는 것인데, 그 실례는 다음 그림과 같다.

### 도식

그림의 왼쪽은 금궤가 차용하는 자연인에게 100원을 대여하고, 자연인이 일정한 기한에 이자 20원과 함께 반환하는 경우

그림의 오른쪽은 금궤가 매입물품에게 1,000원을 대여하고, 물품은 3개월 만에 이익 700원과 함께 반환하는 경우

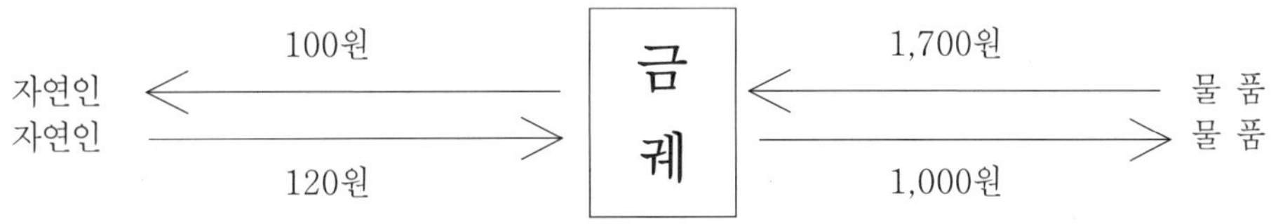

# 第六章 交換의範圍와狀態(幷附論)

簿記帳에記載되난材料는無非交換範圍內로서生한者이라交換은恒常相對方이平均을主張함으로相生相殺이互相等一하나니是한故로簿記上에交換貸借난兩方이齊等數로幷進하니라假如粉紬[①]一疋과麻布一疋이交換할時면價格을比較하야粉紬評價는七圓인대麻布評價난一圓이라麻布가自己의價值一圓以外에六圓을準備하여노와야七圓粉紬가交換하여갈것이니此一例만擧하야도交換의如何함을可知할지나次行을借하야更히交換上奧妙하고複雜한眞理를贅論코저하노라

## 附論

天下萬理가同歸一轍로出한者이有하면반다시入하는者이有하고損한者이有하면반다시益하난者이有하니此난恒常反對方向이有하야單獨孤立치못하는元理元則이라

一.本例는消耗品의交換狀態이니,假如貧者一人이金錢十圓을辦出하야自己의冬服을購入한지라初也에는金錢과冬服이交換하야冬服이入하난代에比等한金錢이出하얏거니와冬服은一消耗品에屬한者인즉消耗品된冬服이所有金錢十圓을消耗한代에增益者十圓은何何方面에在하냐하면,卽其人의防寒費가增益을生한者이라人은天然保護를受치못함으로冬期에衣服을備치아니하면畢竟은衣服代에煖爐이나溫突이라도其人自己를爲하야增을生한者이有하야其人의生命을保存할지니此冬服은其人의冬期生活한幾分의價值와交換한者이오

一.本例는純利益의交換狀態及區別이니,又如質屋[②]主人이高利貸金으로一債務者의게百圓을貸下한時,債務者가契約을履行하야返還期三個月만에一百五十圓을報償한지라質屋主人은一百圓이出하고一百五十圓이入한즉領受中五十圓高가何를交換한者이냐하면卽主人의時間과相殺이될지라大抵通貨난同

一한物이로대使用하난性質이以外物과差異하니通貨以外의物은破傷汚穢의屠折을生하난者인故로貸借間에其物貰로相當한貰金[③]을定하야通用하난例가有하나通貨난不然하니特約이無한時난金을貸下한者ㅣ銀이入하든지白銅을借入한者ㅣ赤銅이出할지라도貸借者間에拒絶이업시融通하난者이라此質屋主人의게入한者五十圓高난原金百圓錢의錢貰로入한者이아니오質屋主人의百圓金,融通權을三個月停止한故로三個月時間障碍로生한損害와純利益이交換한者이오

一.本例난實力과酬勞金의交換이니,又如一勞動子가日給一圓五十錢으로定하고兵庫廠建築에雇傭한時난勞働子의實力과日給一圓五十錢이交換한者이오

一.本例난智識力과勤苦物[④]의交換이니,又如壟斷丈夫[⑤]가一笑之間에農民의半年勤苦한穀物品을買得하야一握千金의利益을生한時난商業上投機智識力과農民의半年勤苦物이交換한者이니

△上에陳한바附論은簿記初學者의게對하야有形物과無形物의交換貸借를解釋케하기爲하야其範圍와狀態가如何함을略論한者이라簿記學上實例의材料난아니기로更히實例될有形物과無形物을區分하야次에臚列하노라

**주석**

① 비단 종류의 하나이다.

② 質屋(しちや)은 전당포의 일본어. 이 책에는 借方과 貸方 등과 같이 일본어식 표현이 많이 나온다.

③ 세금(貰金)은 세놓은 물건을 쓴 대가로서 지급하는 돈.

④ 근고물(勤苦物)은 애써 부지런히 일하여 수확한 농산물 같은 것.

⑤ 농단(壟斷)은 이익을 독점한다는 뜻임. 어떤 사람이 높은 곳에 올라가서 시장(市場)을 살펴보고 싼 것을 사 모아 비싸게 팔았다는 고사(故事)에서 나온 말.

**번역**

## 제6장 교환의 범위와 상태

부기장에 기재되는 자료는 교환범위 안에서 발생한 것이라야 한다. 교환이란 항상 상대방과 동등하게 이루어짐으로써 서로 주고받는 것이 상호 같은 것이다. 이러한 고로 부기에 있어서 교환에는 대차의 양쪽이 동일한 수가 나란히 기록되게 된다. 가령 분주(粉紬) 한 필과 마

포(痲布) 한 필을 교환할 경우 그 가격을 비교하여 분주가 7원, 마포가 1원이라면 마포를 가진 쪽은 마포 외에 6원을 가지고 있어야 교환이 가능하게 된다. 이 한 가지 예만으로도 교환이 무엇인가를 알 수 있겠으나, 교환의 복잡하고 오묘한 이치를 더 잘 이해하기 위해 부론(附論)에서 상세히 설명하고자 한다.

## 부 론

천하만물의 이치가 하나로 귀결되는 것이 있는데, 나간[出] 것이 있으면 들어온[入] 것이 있고, 손해 보는 쪽이 있으면 이익을 보는 쪽이 있는 것과 같이 항상 반대 방향이 있어서 단독으로 고립하지 못하는 원리원칙이 있다.

1. 이 예는 소모품의 교환, 즉 매입에 관한 것이다. 가령 가난한 사람이 10원을 마련하여 자기의 동복을 구입한 경우, 처음에는 금전과 동복이 교환되었는데 동복이 들어오면 그와 동등한 금전이 나가게 된다. 동복은 하나의 소모품인데 소모품인 동복을 사기 위해 10원을 소비한 대신에 득을 본 10원에 해당하는 이득은 어디에 있는가? 그 이득은 방한비(防寒費)라고 할 수 있다. 사람은 천연보호를 받지 못하기 때문에 겨울에 의복을 마련하지 않으면 반드시 의복 대신에 난로나 온돌을 준비하여야 생명을 보존할 수 있으므로 이 동복은 그 사람이 겨울에 생활하기 위해 얼마간의 가치와 교환한 것이다.
2. 이 예는 순이익의 교환상태와 구별에 관한 것이다. 전당포 주인이 고리대금으로 채무자에게 100원을 빌려주고, 채무자는 상환 약정 기간인 3개월 만에 150원을 갚았다. 전당포 주인은 100원이 지출되어 150원을 받았는데, 이 50원은 무엇과 교환된 것인가. 주인의 시간과 상쇄된 것이라고 할 수 있다.
   일반적으로 통화는 가치가 동일한 것이나, 통화 이외의 물건과는 차이가 있다. 통화 이외의 물건은 깨어지고 더러워져서 가치의 손상이 발생할 가능성이 있기 때문에 대차 시에 그 물건에 상당한 세금(貰金)을 정하여 통용하게 된다. 그러나 통화는 그렇지 않다. 특약이 없었을 경우 금을 빌려주고 은(銀)으로 받았다든지, 백동(白銅)을 차입하고 적동(赤銅)으로 갚았을지라도 대차자 간에 이의 없이 거래되는 것이다. 이 전당포 주인이 더 받은 50원은 100원에 대한 전세(錢貰)로 벌어온 것이라고 보지 않고, 전당포 주인이 100원의 사용권을 3개월간 포기함으로써 발생한 손해에 대하여 순이익과 교환한 것이다.
3. 이 예는 노동의 서비스와 그 보수, 즉 임금의 교환에 관한 것이다. 한 노동자가 일급 1원50전으로 병고창(兵庫廠) 건축에 고용되었을 경우, 노동자의 서비스와 일급 1원50전이 교환된 것이다.

4. 이 예는 지식력과 근고물의 교환에 관한 것이다. 어떤 독점상인이 일순간에 농민이 반년간 수고하여 수확한 곡물을 매수하여 일확천금의 이익을 가득한 경우는 상업상의 투기 지식력이 농민의 근고물과 교환된 것이다.

△ 앞에서 서술한 부론은 부기의 초심자에 대하여 유형물과 무형물의 교환대차를 해석할 수 있도록 하기 위해 그 범위와 상태가 어떠한 것인가를 간단히 설명한 것이다. 그러나 실례의 자료가 아니기 때문에 다시 실례인 유형물과 무형물을 구분하여 다음 장에서 나열하고자 한다.

## 第七章　有形物及無形物의種別

形體ㅣ有한者를有形物이라하고形體ㅣ無한者를無形物이라하나니此二種의區別[①]이簿記學上最要한關係가有한지라簿를治할時난先히此를分解할지니其種類를區別하면下圖와如하니라

| 有形物 | 無形物 |
| --- | --- |
| △ 現 金 | △ 商標 |
| | △ 屋號 |
| | △ 板權 |
| | △ 專賣特許狀 |
| △ 資 產 (不動產 / 動 產) | △ 魚驗(卽小切手의 類)니, 借用証, 領收證의 類幷 |
| | △ 動產及不動產證明狀 |
| | △ 貸金利殖 |
| | △ 損害賠償 約條金幷 |
| △ 物 品(買賣品) | △ 酬勞의係한類(雇價及手數料의 類) |
| | △ 仲介料及公私의係한稅納 |

**주석**

① 교환에 대해서는 제6장에서 설명하였다. 교환하는 재화 중에는 유형물과 무형물이 있다고 하였다. 이러한 분류는 任璟宰의 『簡易商業簿記學』(1908년, p.4)과 金大熙의 『應用商業簿記學全』(1909년, pp.9-10)에서 중요하게 다루고 있는데, 그 영향을 받은 것 같다. 그리고 유동자산과 고정자산의 분류보다는 유형물과 무형물의 구별을 중요시하였다.

**번역**

### 제 7 장　유형물과 무형물의 종류

형체가 있는 것을 유형물이라고 하고 형체가 없는 것을 무형물이라고 한다. 유형물과 무형물의 구별이 부기에서 가장 중요한 것이다. 장부를 기록할 때는 먼저 유형물과 무형물을 분해하여야 한다. 그 종류를 구별하면 다음과 같다.

| 유형물 | 무형물 |
|---|---|
| △ 현 금 | △ 상표 |
| | △ 상호 |
| | △ 판권 |
| 부동산 | △ 전매특허장 |
| △ 자 산 | △ 어음(즉 수표의 류), 차용증, 영수증 종류 등 |
| 동산 | △ 동산 및 부동산의 등록증 또는 등기부등본 |
| | △ 이자수입 |
| | △ 손해배상 약조금 등 |
| △ 물 품(매매품) | △ 보수와 관계되는 것(품삯 및 수수료 등) |
| | △ 중개료 및 각종 세금 |

## 第八章　利益部와損害部의說明

何如한者를利益이라謂하며如何한者를損害라稱할가此난畢竟一方의關係가完結된後에在하다함이明白하도다交換上利益이라할것은其人資本以上에仍作己物로借方에入한者①이니例如貸金의邊利와賣品의利益이是라此에屬한者난一次入한時면何日何時라도返還을請求할權利者이無함으로自己의利益資產②이될지오損害라할것은其人資產金額에셔一去不返으로貸方에出한者③이니此에屬한者이種類甚多하나次下에更히區別할必要가有함으로此章에난最히顯著한者數種을擧하건대例如自己身體에對한服裝費와口腹에對한食料費가是라此에屬한者난一次出한時이면何年何月이라도返還을履行할義務者이無함으로損害負債④가될지니라

**주석**

① '이익은 자본 이상으로 자기가 만든 것으로써 차변에 기입한다'고 한 표현은 아마 이익에 해당하는 자산을 표현하고자 한 듯한데 잘못된 표현이다. 이익의 발생은 대변에 기입한다.

② 이익에 해당하는 자산을 표현하려 한 듯하나 합당한 표현이 아니다.

③ 손해라는 것은 자산에서 한번 나가면 돌아오지 않는 것으로써 대변에 기입한다는 표현도 잘못된 것이다. 손해 즉 비용의 발생은 차변에 기입한다.

④ '손해부채'라는 표현도 손해, 즉 비용의 상대 계정인 부채증가를 표현한 듯하나 합당한 표현이 아니다.

**번역**

### 제 8 장　이익부와 손해부에 대한 설명

이익은 무엇이고, 손해(비용)는 무엇인가? 이것은 어느 하나를 완전히 이해하여야 모두를 이해할 수 있다. 교환에 있어서 이익이라는 것은 자본 이상으로 자기가 만든 것으로써 차변에 기입하는 것인데, 대여금에 대한 이자와 판매의 이익이 바로 이러한 것에 속한다. 일단 들어오면 반환을 청구할 권리자가 없는 자기의 이익자산(利益資産)이 된다. 손해라는 것은 자산에서 한번 나가면 돌아오지 않는 것으로 대변에 기입한다. 손해에 속하는 것은 그 종류가 대단히 많으나, 앞으로 다시 상세히 구별할 필요가 있기 때문에 이 장에서는 몇 가지만 예시하겠다. 예를 들면 자신의 의복비와 식료비인데 한번 나가면 반환할 의무자가 없는 것으로 손해부채(損害負債)이다.

## 第九章　新式簿記와舊式簿記의種別

西洋學者의發明한簿記式을新式이라稱하고此를編한松都治部를舊式①이라稱함이니此를特히種別함은次下記載法에新舊式例를對照할必要가種種함을因함이라

**주석**

① 서양부기를 신식, 사개송도치부법을 구식으로 구별하기 보다는 서양식 부기와 한국식 부기, 또는 베니스식 부기와 개성식 부기로 구분하는 것이 바람직한 것 같다. 여기서는 현병주의 구분에 따르기로 한다.

**번역**

### 제 9 장　신식부기와 구식부기의 종류

서양학자가 발명한 부기를 신식부기라고 칭하고, 이 책에서 설명하는 송도치부를 구식부기라고 칭하였다. 굳이 이렇게 구별하는 것은 앞으로 신・구식의 기재 방법을 대조할 필요가 있기 때문이다.

# 第十章 四介의定義

萬口一談으로松都治簿난(四介라四介라)하되名稱이如何한定義로由함이냐問하면自家物로用하난松都商業家도答辯이一定치못하도다此에就하야編輯者의解釋한定義로簡略히一例를擧하야論할진대假令一商人의初에萬圓資本으로開業한지一年만에九千圓의利益을生하고自己의費用으로消耗된金額이二百圓①이오 他人의金額을借用한것이二千圓이라年終會計當時에金櫃中現金時在난萬圓일것갓ᄒᆞ면九千圓利益은何何利益秩이生한것이며生한利益金九千圓은捧次帳②何何座目이借用한것이며二百圓消費金額은何何種類秩의게貸下한것이며借用金二千圓은給次帳③何何座目으로履行할것이下圖와如한것을帳簿上一覽表로零落업시組織된것이니이것이捧次가一介,給次가一介,利益이一介,損害가一介,合四介④라自稱하노라

圖式

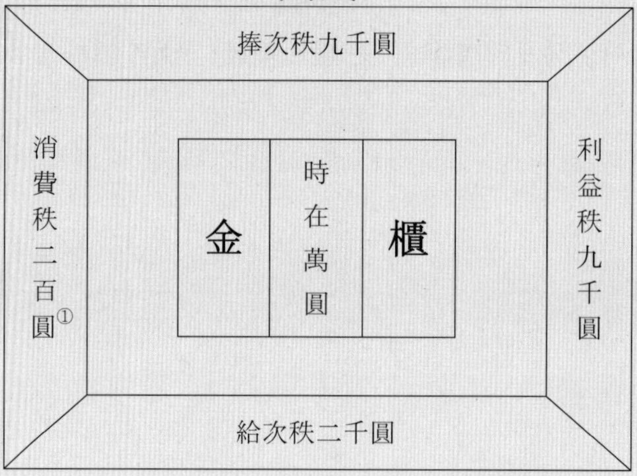


**주석**

① 消費秩 二百圓원은 二千圓의 오기(誤記)이다.

② 봉차장은 자산장(資産帳)이라고도 하나, 일반적으로 외상장책(外上長冊)이라고 하는데 자산과 비용에 관계되는 계정이 전기되는 장책(또는 원장)이다. 사개송도치부법에서는 장책을 외상장책과 타급장책으로 구분하고 있다.

③ 급차장은 일반적으로 타급장책(他給長冊)이라고 한다.

④ 사개는 자산, 부채(자본), 비용, 이익의 네 개를 가리킨다. 복식부기는 이 네 개가 서로 관련이 있기 때문에 재산법에 의한 이익과 손익법에 의한 이익이 딱 맞아떨어지게 되어 있다(articulated). 윤근호는 사개에 대한 여러 가지 개념을『한국회계사』의 pp.37-49에서 다양하게 소개하고 있지만, 현병주의 개념 정의가 복식부기의 기본원리에 가장 합당하다. 介는 個와 같은 뜻이다.

**번역**

## 제10장 사개의 정의

많은 사람들이 송도치부는 '사개라 사개라'라고 말하고 있으나, 그 명칭이 왜 사개인가 물으면 사개송도치부법을 직접 사용하는 송도상인도 그 답변이 일정하지 않다. 편집자는 예를 들어 '사개'의 정의를 설명하고자 한다. 한 상인이 처음 10,000원의 자본으로 개업한 지 1년 만에 9,000원의 이익이 생기고, 비용으로 소모된 금액은 2,000원, 타인으로부터 차용한 금액이 2,000원, 연말 회계 당시에 현금시재는 10,000원이라고 가정하자. 9,000원의 이익은 어떠한 종류의 이익이고, 이익금 9,000원은 자산장(봉차장)의 무슨 계정과목으로 표현되어 있으며, 2,000원 소비금액은 무슨 종류의 비용으로 표현되어 있으며, 차용금 2,000원은 급차장의 어떤 계정, 부채와 자본을 기록하는 장부에는 무슨 계정과목으로 기록할 것인가에 대해 아래의 그림과 같이 장부에서 하나의 표로 작성하면 딱 맞아떨어지게 되어 있다.

그림에서와 같이 봉차가 1개, 급차가 1개, 이익이 1개, 손해가 1개, 모두 합해서 사개(四介)가 된다.

도식

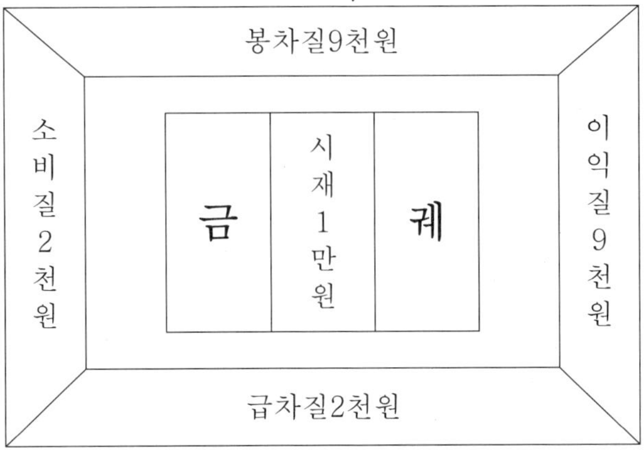

# 第十一章　主要簿及補助簿의區別

主要簿라함은比諸官廳或會社에主任과如한者이오補助簿라함은當局官廳及會社內分掌한事務一部에就하야勤務하난자이라①

| 主要簿에屬한者 | 補助簿에屬한者 |
|---|---|
| △日記帳 | △現金出納帳⑤ |
| △分介帳② 〈 捧次帳(資産帳)<br>給次帳(負債帳)　元帳(帳冊)③　決算表　附掌記④ | △物品去來帳<br>△委託物處理帳<br>△魚驗收支帳 |
| △貯蓄通帳 | △會計帳(一部分의去來를決算한者) |
| △通帳(外上物品借入을記한者) | △損益計算帳(全部交換貸借를試算한者) |

**주석**

① 주요부와 보조부를 관청이나 회사의 전반적인 업무를 관장하는 직책과 한 부문에서 일부의 업무만 관장하는 직책에 비유하여 설명한 것은 특이하다고 말할 수 있다.

② 여기의 분개장은 오늘날 말하는 분개장이 아니다. 여기서 분개장에 대한 별도의 개념 정의가 없기 때문에 원장(장책)으로 그 명칭을 변경하여야 한다. 장책은 외상장책과 타급장책으로 분류하는 것이 사개송도치부법의 일반적인 현상이다.

③ 원장(장책)은 앞의 분개장에 위치하여야 한다.

④ 이 책의 제일 뒤편 부록에서 설명하고 있다.

⑤ 사개송도치부법에는 일기장이 현금출납장의 기능도 하기 때문에 별도의 현금출납장이 없다. 사개송도치부법의 현금관계 기입과는 다소 다르지만, 중세 이탈리아에서는 분개장에 현금이 기입되지 않고 현금출납장을 분개장화 하여 사용하였다. 이러한 분개법은 14세기 말 플로렌스 상인의 회사의 원장에서 나타나고 있다고 루버는 말하고 있다. 그 일부를 인용하면 다음과 같다:

"The extant fragment is entirely in the hand of Amatino Manucci, the branch manager, and the entries go from 1299 to 1300. It may well be another early example of double entry, since all the entries, save those relating to cash transactions, have cross-reference to corresponding debits or credits. In the case of cash transactions the absence of such references proves nothing, since receipts and disbursements were recorded in separate book, called librodell'entrata e dell'uscita, which was complementary to the ledger and served both as cash-book and as cash account." Raymond de Roover, The Development of Accounting prior to Luca Pacioli according to the Account-Books of Medieval Merchants, p.119. Studies in the History of Accounting, edited. A.C. LITTLETON and B.S.YAMEY, RICHARD D. IRWIN, INC. 1956.

**번역**

## 제11장 주요부와 보조부의 구별

주요부는 관청 또는 회사와 비교하여 보면 주요 업무를 관장하는 주임과 같은 것이고, 보조부는 관청이나 회사 내의 일부 사무를 분장하여 근무하는 사무원과 같은 것이다.

| 주요부에 속한 장부 | 보조부에 속한 장부 |
|---|---|
| △일기장<br>△원장(장책) ⟨ 봉차장(자산장) / 급차장(부채장) ⟩ 결산표 부장기<br>△저축통장<br>△통장(외상물품차입을 기입함) | △현금출납장<br>△물품거래장<br>△위탁물처리장<br>△어음수지장<br>△회계장(일부분의 거래를 결산한 것)<br>△손익계산장(전부교환대차를 시산한 것) |

## 第十二章　日記난治簿의元料

日記난主要簿에屬한者일뿐더러各項帳簿가日記의起點으로브터組織되나니假使主要簿에도第一大한者元帳(帳冊)[①]을譬諸官廳或會社에主任이라假定하면日記帳은發起人이되야會社를組織한者이오民勸領首가되야官廳에敍任한主任을選擧한者[②]이니日記가各帳簿의機礎됨을推此可知함이라

**주석**

① 帳冊은 長冊 또는 賬冊이라고도 쓴다.

② 회사의 조직에 비유하여 일기와 원장 간의 관계를 설명한 것이 특이하다.

**번역**

### 제12장　일기는 치부의 원료

일기는 주요부에 속하며, 각 장부는 일기를 기점으로 하여 조직되어 있다. 주요부에서 제일 중요한 원장(장책)을 관청 또는 회사의 주임이라고 가정한다면, 일기장은 발기인(發起人)으로서 회사를 조직한 사람과 같다고 할 수 있는데, 발기인은 관청에서 임무를 맡을 주임을 선거한 사람이다.

따라서 일기가 각 장부의 기초가 됨을 주임과 발기인에 비추어서 그 중요함을 알 수 있다고 하겠다.

他給長冊[①] 外上長冊[②]

## 第十三章 捧次帙[③](資産部)給次帙(負債部)의注意

次에日記例題를擧할새日記帳을記去할時는不可不捧次秩과給次秩에十分注意할지니捧次는恒常내가밧을權利가잇서出하는者이니新式簿記資産部에屬한者이오給次秩은恒常내가갑흘義務가잇서入한者이니新式簿記負債部에屬한者이니라

**주석**

① 원문에는 他給長冊이라고 기입되어 있으나, 外上長冊으로 바꾸어야 한다.

② 원문에는 外上長冊이라고 기입되어 있으나, 他給長冊으로 바꾸어야 한다.

③ 질(帙)도 사용할 수 있으나, 주로 질(秩)자를 사용한다. 여기서부터 帙자 대신에 秩자를 사용한다.

**번역**

외상장책 타급장책

### 제 13 장 봉차질(자산부)급차질(부채부)의 주의

다음에 일기의 예제를 가지고 일기장을 기입할 때는 반드시 봉차질과 급차질에 세심한 주의를 하여야 한다. 봉차질은 항상 내가 받을 권리를 가지고 출(出)한 것이며, 신식부기의 자산부에 속하는 것이다. 급차질은 항상 내가 갚을 의무를 가지고 입(入)한 것이며, 신식부기의 부채부에 속한 것이다.

## 第十四章　松都日記帳은新式簿記에日記帳과分介帳을 合하야幷進하는所以

新式簿記는日記帳에金額貸借의區分이無히記入하고[1]更히分介帳에轉記할時, 貸借를區別[2]하되松都簿記는日記帳에셔貸借를區別하야記入하나니下에記入法을叅觀하면自然히解釋하리라

### 주석

① '신식부기는 일기장에 대차의 구분 없이 기입하고'는 신식부기에서 일기장을 사용하는 경우를 가정한 표현이다. 신식부기에서는 거의 일기장을 사용하지 않는다. 거래가 발생하면 바로 분개장에 기입하는 것이 일반적이다.

② 다시 분개장에 전기할 때 대차를 구별한다고 하였는데 第十一章의 주석 ②와 ③에서 지적한 바와 같이 이 책에서는 분개장과 원장을 혼동하고 있다.

### 번역

**제 14 장　송도일기장에서 신식부기의 일기장과 분개장을 합하여 기록하는 까닭**

신식부기는 일기장에 금액대차의 구분 없이 기입한 후, 다시 분개장에 기입할 때 대차를 구별하여 기입한다. 송도부기는 일기장에서 대차를 구별하여 기입하는데 앞으로 설명할 그 기입법을 보면 자연스럽게 이해할 수 있다.

# 第十五章　松都日記와帳冊에特用字及符號置하는例

◎　◎
## 一, 上과下이니①

上二字는現金出納에만標準한者이니現金이出한行이면末端에下字를置하고現金이入한行이면末端에上字를置하나니此는現金時在計算時에最히必要하니라

◎　◎
## 二, 入과去②이니

上二字는物品出納을標準한者이니物品이入한行이면初頭에入字를置하고物品이出한行이면初頭에去字를置하되物品이人으로부터入한行이면人의姓名을記한次에入字를置하나니出한行에도此例와同히하나니라

◎◎　◎◎
## 又, 還入과還給의例가有하니

還入이라함은例如貸下하엿든金이入함의類와還給이라함은例如借入하얏든金을支佛함의類이니라

◎◎　◎◎
## 又, 過入과過去의例

過入이라함은本額以上에利益을入하는者이오過去라함은入例의反比例이니라

◎◎
## 又, 會計의義

會計라함은捧給을合算하는例이라

◎
## 三, 秩字의例

上字의用例는其義가二條로分하니下에區別한바(가)의順序에屬한者는本書第五章에釋意와如히帳簿上關係를生한者는自然人으로認定하드시秩字는卽人의姓名을代位함이오(나)의順序에屬한類는無形物을有形物의代位로定함이니各其性質을分하야次第로說明한건대

○
### (가) 物品秩

入한物이든지出한物이든지物品의名稱을隨하야麻布이면麻布秩,白木이

면白木秩이라하나니白木秩去라할時는白木秩을自己債務者의姓名으로標準하고[3]麻布秩入이라할時는麻布秩을自己債權者의姓名으로標準한것이니라[4]

(나)(1) 魚驗秩(或於音이라함)

(2) 利益秩

(3) 公用秩

又, 文字의例

上字는卽(錢)字의代表로用하나니라

又, 餘字의例

上字는卽(殘)字와同하니라

又, 次字의例

上字는卽(方)字와同하니라[5]

四, 直放과買得의定義

直錢(現金의義로同)으로賣渡한者이면直放이라記하고現金으로買收한者를買得이라記하나니此를記하는行에는本章第二例의入去標와及第一例의上下標를必히記하나니라

五, 標算(一名은胡算이라)

| 〡 | 〢 | 〣 | 〤 | 〥 | 〦 | 〧 | 〨 | 〩 |
|---|---|---|---|---|---|---|---|---|
| 一 | 二 | 三 | 四 | 五 | 六 | 七 | 八 | 九 |

此는物의價格을標示함에用하나니其義는卽,珠算을象形한者이라用例는賣買及交換物을勿論하고同種의物品이一個로부터數個以上이記入되더라도物品을記한次에其物品의單個價格을此로標示하고其次에는全部物品의價格을合算한總數를記載함이必要하니라

六, 鐙子法

此는日記帳記事의單行以上에用하는者이니其形容이鐙子와如함으로名稱함이라

用例는新式簿記分介帳에記入하는條項에酬用되나니恒常現金去來以外으로一方에對하야反對方을記한後此를劃할지라松都日記中前行에記載된額數가入한者이던지去한者이던지第次行에는前行의額數를反對로記하야前後行額數가平均히된境遇에前後行의末端을括하야本法을用하니日記帳現金時在計算時와及後日叅考時에一覽上便宜를與한者이라

## 七, 列旗法(方言에그불니인다함)

此는其形容이旗를立하니와如함으로名稱함이니日記帳記事行敍頭에朱筆或黑筆로叙頭中心을向하야縱線劃을直立하고次에는縱線劃의中心을橫貫하야기역(ㄱ)劃을添加하니用例는日記에記入된者이捧次이던지給次이던지關係가消滅될時에必히以上關係된書行을次第로爻周하는것이라

## 八, 打點法

此例는日記와帳冊의最히多用하나니日記의打點은日記의記事를帳冊으로傳書할時,傳書된行은卽時行頭에黑點을加하고,帳冊의打點은日記로서轉記한後다시日記와對照할時考準되는대로本行金額右側으로朱點을加하나니라

## 九, 行劃의例(一云爻周라함)

△

此例는帳冊에用하나니他給帳冊이던지外上帳冊이던지捧給의關係가消滅될時에用하나니라

○
## 十, 又字의用例

此는必히第次行에用하나니人과物을勿論하고人의次行에記入되면前行의記한人의姓名이되고物의次行에記入되면前行에記한物名이되나니라

○
## 十一, 內字의用例

此는捧給을區別하기爲하야間挿으로用하나니[⑥]例如帳冊과如한種類에冊製을上下兩段으로分하고上段은捧次만記入하고下段은給次만記入하는時는此字를中間에必히置하되記事가重複한時이면上에示한字樣과如히橫滿하게함도有하니라

## 十二, 時在의義

時在라함은卽(殘高)의義이니라

## 十三, 合字와實字의例

合이라함은一方의計算을總括함이오實이라함은捧給의相殺한殘高를指稱함이라

**주석**

① 上과 下는 번역시 한자 그대로 사용한다. 기호의 뜻도 있고 시각효과가 있기 때문이다. 일기장 上의 합계액은 그 기간 동안의 현금 총 입금액과 같고, 下의 합계액은 현금 총 출금액과 같다. 그 차액은 현금 시재(時在) 즉 현금잔액이다.

② 入과 去도 번역시 한자 그대로 사용한다. 이유는 ①과 같다. 入과 去는 사개송도치부법에서 대차 구분의 핵심이다. 부채와 이익의 증가에는 入을 기입하고 부채와 이익의 감소에는 去를 기입한다. 자산과 비용의 증가에는 去를 기입하고, 감소에는 入을 기입한다. 入과 去 대신에 거래의 내용을 명료하게 설명하는 용어를 사용하는 경우도 있다.

③ "白木秩去라할時는白木秩을自己債務者의姓名으로標準하고"의 의미를 예제 제2일자의 거래를 가지고 설명하겠다. "권예득으로부터 견양지15괴를 매괴 47원에 매입하고"의 일기장 기입은 다음과 같다.

권예득入 견양지 15괴 대금 705원

지물질去 견양지 15괴 대금 705원

이상의 일기장 기입은 지물질(견양지를 지물질로 처리, 백목질 대신 사용)去라고 기입하여 지물질이라는 자산의 증가를 기입하고, 권예득으로부터 지물질 매입으로 인하여 권예득에 대한 부채가 증가하였다는 것을 설명하고 있다. 사개송도치부법에서는 상품 등을 매입하면 전액 현금 매입한 경우를 제외하고 상품이라는 자산의 증가와 이에 상응한 매입처에 대한 부채로 기입한다. 즉 권예득이 자기채무자의 성명이다.

④ "麻布秩入이라할時는麻布秩을自己債權者의姓名으로標準한것이니라"의 의미를 예제 제14일자 거

래를 가지고 설명하겠다. “경포 100필을 유신웅에게 115원에 매출하고”의 일기장 기입은 다음과 같다.

포속질(마포질)入 경포 100필 @1원15전 대금 115원

유신웅去 경포 100필 @1원15전 대금 115원

포속질, 즉 경포를 판매하고 유신웅에 대한 매출채권, 즉 자산의 증가로 기입한다. 즉 유신웅이 자기 채권자의 성명이다.

⑤ 차(次)자는 방(方)자와 동일하다고 하였는데, 올바른 설명이라고 할 수 없다. 차(次)는 이두(吏讀)로서 ‘…차에(때), …터에(기회)’로 해석하고, 차지(次知)는 ‘어떤 물건을 점유하는 것’으로 해석하고 있는데 박영진가의 개성부기 장부 중 각인회계책을 보면 주인과 차인 간에 이익을 배분할 때 ‘몫’ 또는 ‘차지하다’의 뜻으로 사용하고 있다. 봉상(捧上)은 ‘받자’로 해석하고, 상하(上下)는 지출한다는 뜻인데 ‘상하’로 읽지 않고 ‘차하’라고 읽는다. 따라서 봉상(捧上)은 봉차(捧次)와 같은 뜻이다.

⑥ 내(內)자는 봉급을 구별하기 위해 중간에 삽입할 뿐만 아니라, 봉차(捧次)와 급차(給次)의 감소를 나타내가 위해 중간에 삽입하는 문자 또는 기호로도 사용된다.

번역

## 제 15 장 송도일기와 장책에서 사용되는 특별한 자와 부호가 위치하는 예

### 1. 上과 下

위의 두 글자는 현금출납에만 사용하는데, 현금이 출금되었을 경우에 기입하는 줄의 끝에 下(하)자를 기입한다. 현금이 입금되었을 경우에 기입하는 줄의 끝에 上(상)자를 기입한다. 이렇게 기입하는 것은 현금 시재계산 시에 필요하다.

### 2. 入과 去

위의 두 글자는 물품출납에 사용하는데, 물품이 入(입)하였다고 기입하는 줄의 맨 앞에 入(입)자를 기입한다. 물품이 출(出)하였다고 기입하는 줄의 맨 앞에 去(거)자를 기입한다. 물품이 사람으로부터 入(입)한 경우에는 사람의 성명을 기입한 후 入(입)자를 기입하는데, 출(出)한 경우에도 마찬가지이다.

#### (1) 환입과 환급의 예

환입(還入)이라는 것은 대여한 돈이 들어오는 것을 의미하고, 환급(還給)이라는 것은 차입하였던 돈을 지급하는 것을 의미한다.

#### (2) 과입과 과거의 예

과입(過入)이라는 것은 본전(本錢) 이상의 이익을 말하며, 과거(過去)라는 것은 그 반대이다.

(3) **회계의 뜻**

회계(會計)라는 것은 봉차와 급차를 합산(合算)하는 것이다.

### 3. 질(秩)자의 예

위의 질(秩)자는 그 뜻이 두 가지인데, 아래에 구별하는 바와 같이 (1)에 속하는 것은 제5장에서 설명한 바와 같이 장부상 관계에서 일어난 것을 자연인으로 인정하여 질(秩)자는 사람의 성명을 대위(代位)한다. (2)에 속하는 것은 무형물을 유형물의 대위(代位)로 정한 것이다. 이상의 것에 대해 차례로 설명하겠다.

(1) **물품질**

입(入)한 물품이든지 출(出)한 물품이든지 물품의 명칭에 붙여서 마포(麻布)이면 마포질, 백목(白木)이면 백목질이라고 한다. 백목질거(白木秩去)라 할 경우는 백목질을 자기 채무자의 성명으로 표준하고, 마포질입(麻布秩入)이라고 할 경우는 마포질을 자기 채권자의 성명을 표준으로 한다.

(2) **무형물질**

① 어험질(또는 어음이라고도 함)

② 이익질

③ 공용질

(3) **문(文)자의 예**

문(文)자는 전(錢)자의 대신으로 사용한다.

(4) **여(餘)자의 예**

여(餘)자는 잔(殘)자와 같다.

(5) **차(次)자의 예**

차(次)자는 즉(方)자로 해석하기보다는 이두(吏讀)로 해석하여야 한다. 이 장 주석5에서 설명하였다.

### 4. 직방과 매득의 정의

직전(直錢, 현금과 동일의 뜻)으로 매도한 것이면 직방(直放)이라고 기입하고, 현금으로 매수한 것이면 매득(買得)이라 기입한다. 이들을 기입하는 줄에는 이 장(章)의 2.의 入去의 표시와 1.의 上下의 표시를 반드시 기입하여야 한다.

## 5. 표산[標算, 일명 호산(胡算)이라고 함]

| 〡 | 〢 | 〣 | 〤 | 〥 | 〦 | 〧 | 〨 | 〩 |
|---|---|---|---|---|---|---|---|---|
| 一 | 二 | 三 | 四 | 五 | 六 | 七 | 八 | 九 |

위의 기호와 숫자는 물품의 가격을 표시할 때 사용하는데, 그 뜻은 주산을 형상화한 것이다. 매매와 교환뿐만 아니고 동종의 물품이 한 개로부터 여러 개 이상이 기입되더라도 물품을 기입한 다음에 그 물품의 단가(單價)를 이 기호로 표시하고, 그 다음에 물품 전체의 가격을 합산하여 총계를 기재할 필요가 있다.

## 6. 등자법(鐙子法)

위의 형상은 일기장 기입에 있어서 한 줄 이상을 사용할 경우 사용하는데 그 모양이 등자(말을 탈 때 발을 디디는 제구)를 닮아서 붙인 이름이다.

신식부기의 분개장 기입 시에도 사용할 수 있다. 항상 현금을 기입하는 쪽이 아닌 상대방 쪽을 기입한 후에 이 모양으로 묶는다. 송도일기 중 앞줄에 기재된 금액이 입(入)한 것이든지 거(去)한 것이든지 다음 줄에는 앞줄의 금액을 반대로 기입하여 전후행(前後行)의 금액이 일치가 된 경우, 전후행(前後行)의 끝을 묶는 데도 이 모양을 사용한다. 이는 일기장 현금시재계산 시와 뒷날 참고확인 시 일람의 편의를 제공한다.

## 7. 열기법(列旗法)(우리나라 말로 기 벌린다는 뜻)

모양이 기를 세워놓은 것과 같다고 하여 그 명칭을 열기법이라고 한다. 일기장을 기입하는 줄의 맨 앞에 주필(朱筆) 또는 묵필(墨筆)로 이 모양의 기호를 기입하는데, 기입 방법은 줄의 중심에 세로로 직선을 긋고 다음에 세로로 그은 선의 중심에서 횡관(橫貫)하여 기역(ㄱ)자를 첨가한다. 일기에 기입된 것이 봉차이든지 급차이든지 그 관계가 소멸될 때에 이에 관계된 줄에 차례로 표시하는데, 이를 효주(爻周)한다고도 한다.

## 8. 타점법(打點法)

붓으로 점을 찍는 것을 타점(打點)이라고 한다. 이 방법은 일기장과 장책에서 가장 많이 사용된다. 일기의 타점은 일기의 기록을 장책으로 전기(轉記)할 때, 전기된 줄은 즉시 줄의 맨 앞에 검은 점을 찍는 것이다. 장책의 타점은 일기에서 전기된 뒤, 다시 일기와 대조할 때, 고준(考準, 베낀 책이나 서류를 원본과 대조하여 보는 것)되는 대로 그 줄의 금액의 오른쪽에 붉은 점을 찍는 것이다.

9. **행획**(다른 말로 효주라고 함)

△

이 모양은 장책에서 사용한다. 타급장책이든지 외상장책이든지 봉급(捧給)의 관계가 소멸될 때에 사용한다.

10. **우(又)자를 사용하는 경우**

같은 명칭이 반복되는 경우 반드시 우(又)자를 다음 줄에 기입한다. 사람과 물품을 구별하지 않고, 사람의 다음 줄에 기입하면 앞줄에서 기입한 사람의 성명이 되고, 물품의 다음 줄에 기입하면 앞줄에 기입한 물품 이름이 된다.

11. **내(內)자를 사용하는 경우**

이 내(內)자는 봉급(捧給)을 구별하기 위해 중간에 삽입하는 것이다. 장책(帳冊)과 같은 종류의 장부를 제작할 때 장부를 상하로 나누고, 상단(上段)은 봉차(捧次)만을 기입하고, 하단(下段)은 급차(給次)만을 기입하며 중간에 반드시 내(內)자를 표시한다.

※ 원문을 직역하였으나 올바른 설명이 아니다. 원문의 【주석】 ⑥을 참고하기 바란다.

12. **시재의 뜻**

시재(時在)라는 것은 잔액을 의미한다.

13. **합(合)자와 실(實)자의 예**

합(合)이라는 것은 총계를 계산하는 것이고, 실(實)이라는 것은 봉차와 급차를 상쇄하고 난 뒤의 잔액을 의미한다.

## 第十六章　日記의例題及實習과幷說明

(제16장)　　(일기의 예제, 실습 및 그 설명)

※제16장은 예제별(일자별)로 [주석]을 달고, [번역]을 하기로 한다.

**1916년 01월 01일**

### (例題)

屋號를信成號라稱하는人이開業第一日에資本金一萬五千圓을積立①하니金櫃中現金時在가六千五百圓이오○第一銀行에任置(定期든지無定期든지)한當座預金이八千五百圓이라○當日에治簿에用할空冊十部를每部十五錢式買入하고○本商店建築所地段價一百五十圓을出給(支拂의義)하고又에本店修理費三十圓을出給하고○次에方仁準의任置金②二千圓을領受하고○次에申義植의게漢陽木預給으로五十圓을先下하다

### (實習)

信成號入資本金一萬五千圓上

第一銀行③去當座預金八千五百圓下

公用秩去空冊十部代金一圓五十錢下

家舍秩④去本商店用地段價一百五十圓下

　又去本店修理費三十圓下(此行又字는卽家舍秩을再記함이니以下는同함)

方仁準入任置金二千圓上

申義植去漢陽木百疋價預給金⑤五十圓下

### (注意)

此는個人營業을標準한者어니와數人以上이資本을幷하야開業한時라도信成號와如한屋號를定하면그定한屋號를個人營業者로示할지니同業者數人間에는特別한區分이有할지라도營業全體에對하야는少毫도差等이無하니라

(說明)

第一行은信成號(卽自己)로부터資本金一萬五千圓을入하는同時第二行으로第一銀行當座預金을記下하고第三行은公用秩로空冊代金을支拂하고第四行及第五行은家舍秩로地段價幷修理費를支拂하고第六行은資本金以上으로方仁準의任置金二千圓을領受하고第七行은申義植의게漢陽木預金으로支拂하니라

**주석**

① 사개송도치부법에서는 자본금계정의 처리가 애매하다. 사개송도치부법은 채권・채무 등의 처리를 인명계정으로 한다. 자본금도 출자자의 이름으로 처리하는 경우가 대부분이다. 여기서도 신성호계정으로 처리하고 있고, 제16일에 신성호에 대해 400원을 환급처리하고 있다. 즉 신성호계정을 자본계정으로 처리한 것이 아니고 부채계정으로 처리하고 있다.

② 방인준으로부터 차입한 것도 아니고, 임치금에 대한 성격이 분명하지 않다. 예수금의 성격인 듯하다.

③ 당좌예금계정으로 처리하여야 하나, 사개송도치부법에서 인명계정으로 처리하는 것이 일반적이다.

④ 본점의 용지인데 가사질이라는 비용으로 처리하고 있다. 자산과 비용의 구분이 애매하다.

⑤ 예급금은 선급금의 성격이다.

**번역**

(예제)

1월 1일, 신성호라고 칭하는 옥호로 개업을 한 상인이 자본금 15,000원을 출자하다. 제일은행에 당좌예금 8,500원 예금하고, 금궤 중에는 시재가 6,500원이다. 당일 기장에 사용할 노트 10부를 부당 15전으로 매입하다. 상점건축용 부지를 150원에 구입하고 대금을 지급하다. 그리고 본점 수리비 30원을 지급하다. 방인준이 현금 2,000원을 맡겨서 영수하고, 한양목(漢陽木) 매입대금 50원을 신의식에게 미리 지급, 즉 선급하였다.

(실습)

신성호入 자본금 15,000원 上

제일은행去 당좌예금 8,500원 下

공용질去 노트10부 대금 1원50전 下

가사질去 상점부지 대금 150원 下

又去 점포수리비 30원 下(又는 위의 가사질을 다시 기입한다는 뜻, 이하 동일)

방인준入 예수금 2,000원 上

신의식去 한양목 100필 대금 선급 50원 下

(주의)

이 실습예제는 개인영업을 기준으로 한 것이다. 여러 사람이 자본을 함께 출자하여 개업한 경우도 신성호(信成號)라는 상호를 정하면 그 정한 상호를 개인영업자(個人營業者)와 같이 취급한다. 동업자 개인 간에는 특별한 구분이 있어야 하나, 영업 전체로 볼 때는 조금도 차이가 없다.

(설명)

첫째 줄은 신성호(즉 자기 자신)로부터 자본금 15,000원을 출자받은 것이고, 둘째 줄은 제일은행에 당좌예금한 것을 기입한 것이다. 셋째 줄은 노트 대금 지급한 것을 공용질로 처리하고, 넷째와 다섯째 줄은 토지대금과 점포 수리비를 지급하고 가사질로 처리하였다. 여섯째 줄은 자본금 외에 방인춘으로부터 예수금 2,000원을 영수하고, 일곱째 줄은 신의식에게 한양목 값을 미리 지급한 것이다.

**1916년 01월 02일**

(例題)

第二日은權禮得으로붓터見樣紙十五塊를每塊에四十七圓式買入하고價額으로四百圓은現金을給하고殘額은一朔後에出次할魚驗으로給하다

(實習)

權禮得入見樣紙十五塊代金七百○五圓

紙物秩去同物十五塊代金七百○五圓

權禮得去見樣紙價中卽錢給四百圓下

於音秩入[①]二月一日給次金三百五圓

權禮得去紙價零條二月一日給次本於音給三百五圓

(說明)

第一行은權禮得으로붓터見樣紙를買入하야第二行에紙物秩로同物의代金을支

拂하고第三行은見樣紙代金四百圓은現金으로支拂하고第四行은於音秩로三百五圓을入하야第五行에權禮得의紙價零條를計給하니라

**주석**

① 於音秩入은 어음상의 채무인 지급어음계정과 같은 것이다.

**번역**

(예제)

1월 2일, 권예득으로부터 견양지(見樣紙) 15뭉치를 괴당 47원으로 매입하고, 400원은 현금으로 지급하고 잔액은 1개월 후 만기의 어음을 발행하여 주다.

(실습)

권예득入 견양지 15뭉치 대금 705원
지물질(紙物秩)去 동물(同物) 15뭉치 대금 705원
권예득去 견양지 대금중 현금지급 400원 下
어음질入 2월 1일 지급 305원
권예득去 대금중 잔액 2월 1일 지급 어음 305원

(설명)

첫째 줄은 견양지를 매입하여 권예득에게 채무가 발생한 것, 둘째 줄은 지물질이란 자산이 증가한 것이다. 셋째 줄은 견양지 대금 400원 현금으로 지급한 것, 넷째 줄은 어음질이란 부채가 305원 증가한 것이고, 다섯째 줄은 권예득에 대한 지물 대금에 대한 부채가 감소한 것이다.

## 1916년 01월 03일

(例題)

第三日은沈智元으로붓터慶布七百疋을每疋一圓十錢式에買入하고全部價額을五個日後에出給하기로口頭契約을成立하다

(實習)

沈智元入慶布七百疋代卜限五日給次金七百七十圓
布屬秩①去慶布七百疋代卜正月六日捧金七百七十圓

(說明)

第一行에沈智元으로붓터慶布七百疋을買入하야第次行에布屬秩로代金을代下하니라

주석

① 모든 종류의 포는 포속질로 처리한다.

번역

(예제)

1월 3일, 심지원으로부터 경포(慶布) 700필을 매필당 1원10전으로 매입하고 전액을 5일 후에 지급하기로 구두계약하다.

(실습)

심지원入 경포 700필 대금 5일 후 지급 770원
포속질去 경포 700필 대금 1월 6일 지급 금액 770원

(설명)

첫째 줄은 심지원으로부터 경포 700필을 매입하여 심지원에 대한 부채가 발생한 것이고, 둘째 줄은 포속질(布屬秩)이라는 자산이 증가한 것이다.

1916년 01월 04일

(例題)

第四日은白信明으로붓터準木①一千五百疋을每疋九十錢式으로買入하고全部價額은第一銀行에셔卽時出給할小切手(魚驗)로劃給하고同物의運來費三圓을現金으로給下하다.

(實習)

白信明入準木一千五百疋㐅代金一千三百五十圓
白木秩去準木一千五百疋㐅代金一千三百五十圓
第一銀行入小切手第一號金一千三百五十圓
白信明給②白木價第一銀行票給一千三百五十圓
白木秩去準木三十隻運來卜價三圓下

(說明)

第一行에白信明으로붓터買入한準木을第二行白木秩로下하고第三行은第一銀行小切手를領受하야第四行白信明의準木價를計給하고第五行은準木의三十隻運費를支拂하니라

**주석**

① 준목은 백목의 일종인데, 백목은 무명이다.

② 백신명급(白信明給)의 급(給)은 去와 같은 뜻이다.

**번역**

(예제)

1월 4일, 백신명으로부터 준목(準木) 1,500필을 매필당 90전으로 매입하고 전액 제일은행에서 즉시 지급할 수 있는 수표를 발행하여 지급하고, 운반비 3원은 현금으로 지급하다.

(실습)

백신명入 준목 1,500필 @90전 대금 1,350원
백목질去 준목 1,500필 @90전 대금 1,350원
제일은행入 수표 제1호 금액 1,350원
백신명去(給) 백목 대금 제일은행 앞 수표지급 1,350원
백목질去 준목 30척 운반비 3원下

(설명)

첫째 줄은 백신명으로부터 준목을 매입하여 부채가 증가한 것을 의미하고, 둘째 줄은 백목

질이라는 자산이 증가한 것이다. 셋째 줄은 제일은행 앞의 수표를 발행한 것이고, 넷째 줄은 백신명에 대한 부채의 감소를 의미한다. 다섯째 줄은 준목의 운반비를 지급한 것인데, 준목의 원가가 된다.

**1916년 01월 05일**

### (例題)

第五日은買得(卽直錢쥬고사는것)으로白蔘十斤을每斤九圓式에買入하다

### (實習)

白蔘秩去同物三十片十斤代金九十圓下

### (說明)

此는卽單式例이니直錢으로買得한物은直席에一方에關係가消滅된故로單式[①]例가便利하나此를複式으로記入하면三行이되나니例는初行에買得處를記入하야第二行에白蔘秩下한後다시次行(第三行)을本例와同히記入하는例가正式이니라[②]

**주석**

① 단식이라는 뜻이 단식부기를 말하는지 또는 다른 의미가 있는지 분명하지 않다. 현금으로 물품을 구입하는 경우 구입과 동시에 일방의 관계가 소멸되기 때문에 단식이라고 하였는데, 이것은 소멸되었다기보다는 주석 ②에서 설명하는 방식대로 기입하는 것을 간소화한 것이다. 그리고 이렇게 기입하는 것이 단식부기는 아니다. 개성부기에서 현금의 입출금거래는 개별거래별로 나타나는 것이 아니고 총계로 나타난다. 현대 은행부기에서 입금은 입금전표, 출금은 출금전표에 기입되는데, 이때 현금의 상대계정이 기입되고 현금거래는 나타나지 않는다. 입금은 입금전표의 총액으로, 출금의 경우는 출금전표의 총액으로 나타난다. 이러한 기입도 거래의 이중성과 대차평균원리가 지켜지고 있다.

② 복식으로 기입하면 초행 매득처去, 제2행 백삼질 下, 제3행은 원래의 예와 같이 기입하면 된다고 하였는데, 그 설명에 오류가 있다. 여기의 복식에 의한 정확한 기입은 다음과 같다(매입처를 대구상점이라 가정한다).

대구상점入백삼30편10근대금 90원(초행)

백삼질去백삼30편10근대금 90원(2행)

대구상점去백삼30편10근대금 90원下(3행)

**번역**

(예제)

1월 5일, 백삼(白蔘) 10근을 매 근당 9원으로 매득(현금지급하고 매입한 경우)하다.

(실습)

백삼질去 동일 물품 30편 10근 대금 90원 下

(설명)

이 기입은 단식의 예이다. 현금으로 매득한 물품은 즉석에서 한쪽의 관계가 소멸되는 고로 단식의 예가 편리하다. 이를 복식으로 기입하면 세 개의 줄로 되는데 첫째 줄은 매입처를 기입하고, 둘째 줄은 백삼질로 下한 후, 다시 셋째 줄은 위의 (실습)의 기입을 하면 되는데 이 방법이 정식이다(이러한 설명은 잘못된 것이다. 주석②와 같이 기입하여야 한다).

**1916년 01월 06일**

(例題)

第六日은李甲逑에게各項紬屬四千圓價値와○各種布屬三千圓價値를買入하고全部價額은方仁準이申義植의게推尋(領收의義)할魚驗을借入한그魚驗으로給하다

(實習)

李甲逑入各項紬物價合四千圓
又入各種布屬價合三千圓 (此行又字는卽李甲逑을再記함이니此下도同함)
紬物秩去各項紬物價合四千圓
布屬秩去各種布屬價合三千圓
方仁準貸入①申義植推次於音七千圓
李甲逑給②紬布價畢上於音給七千圓

(說明)

第一銀行③은李甲逑에買入한紬物을先히기입하고次行에布屬을記入하야第三行,第四行에紬物及布屬秩로次第分下하고○第五行은方仁準의게領受할於音을記入④하야第六行으로李甲術의物價를畢給하니라

**주석**

① 차입(借入) 또는 入이라고 하여야 한다.

② 급(給) 대신에 거(去)를 사용해도 된다.

③ 第一銀行은 第一行의 오기이다.

④ 방인준에게 영수할 어음이 아니고, 지급하여야 할 어음이다. 즉 방인준에 대한 부채의 증가로 처리하여야 한다.

**번역**

(예제)

1월 6일, 이갑술로부터 각종 주속(紬屬, 명주) 4,000원, 각종 포속(布屬, 베) 3,000원을 매입하고 전액을 방인준이 신의식으로부터 추심(推尋)할 어음을 빌려서 그 어음으로 지급하다.

(실습)

이갑술入 각종 주물 대금 4,000원
　　又入 각종 포속 대금 3,000원
주물질去 각종 주물 대금 4,000원
포속질去 각종 포속 대금 3,000원
방인준入(借入) 신의식 받을어음 7,000원
이갑술去(給) 주물과 포속 대금완불 어음 7,000원

(又자는 이갑술을 다시 기입한다는 것, 이하 동일)

(설명)

첫째 줄은 이갑술로부터 주물을 외상 매입한 것을 기입하고, 둘째 줄은 포속을 외상 매입한 것을 기입한다. 셋째과 넷째 줄은 주물과 포속이란 자산의 증가를 차례로 기입하고, 다섯째 줄에는 방인준에게 지급할 어음을 기입하고, 여섯째 줄은 이갑술에게 물품대가를 완전히 지급한 것을 기입한다.

**1916년 01월 07일**

(例題)

第七日은金乙先의게安州亢羅①二十疋을每疋七圓式으로賣下하고全部價額은十日後推尋할魚驗으로領受하다

(實習)

紬物秩入安亢羅二十疋亠代一百四十圓
金乙先放[②]安亢羅二十疋亠代一百四十圓
　又入安亢羅條正月十九日推次自己於音一百四十圓
於音秩去金乙先正月十九日出次一百四十圓

(說明)

第一行은紬物秩로셔安亢羅를入하야第三行[③]의金乙先의게賣渡하고다시金乙先의게同物의代金을於音으로領受하야第四行에於音秩로下하니라

**주석**

① 항라(亢羅)는 명주 · 모시 · 무명실 등으로 짠 피륙의 하나로 구멍이 송송 뚫어지게 짠 여름 옷감.
② 放 대신 去자를 사용하여도 된다. 방(放)은 매출의 의미를 가지고 있다.
③ 第三行은 第二行의 오기이다.

**번역**

(예제)

1월 7일, 김을선에게 안주항라 20필을 매필당 7원으로 매출하고, 전액 10일 후 추심할 어음으로 영수하다.

(실습)

주물질入 안주항라 20필 @7원 대금 140원
김을선去(放) 안주항라 20필 @7원 대금 140원
　又入 안주항라 1월 19일 후 추심할 어음140원
어음질去 김을선 지급 1월 19일 후 추심 140원

(설명)

첫째 줄은 김을선에게 안주항라를 매출한 것을 기입한 것이고, 둘째 줄은 김을선에 대해 매출채권이 발생된 것을 기입한 것이다. 셋째 줄은 김을선에 대한 매출채권의 소멸을 기입한 것이고, 넷째 줄은 매출채권이 어음채권으로 전환된 것을 기입한 것이다.

## 1916년 01월 08일

### (例題)

第八日은崔丙奎의게鐵原紬一百五十疋을每疋六圓式에放賣하고○價額은二十日後에捧次할魚驗으로領受하고○同物居口[①]로七圓을現金으로出給하다

### (實習)

紬物秩入鐵原紬一百五十疋亠價九百圓

崔丙奎放[②]鐵原紬一百五十疋亠價九百圓

　又入上物價條正月三十日自己出次於音九百圓

於音秩去崔丙奎正月三十日出次金九百圓

紬物秩去鐵原紬一百五十疋居口金七圓下

### (說明)

第一行은紬物秩로서鐵原紬를入[③]하야第二行崔丙奎의게賣渡하고第三行에同人의게前記物代金을於音으로領受하야第四行於音秩로下하고第五行은同物秩로同物의口錢을下하니라

**주석**

① 居口는 거간에게 지급하는 수수료를 말한다.

② 방(放)은 거(去)와 같은 기능을 한다. 개성부기에서 상품관계 질(계정)은 상품명을 사용하였는데, 점차 상품관계 질(계정)이 매입의 경우는 매득(買得), 매출의 경우는 방(放) 또는 방입질(放入秩)로 분화한다.

③ '철원주를 입(入)하야'라고 설명하고 있는데, 入하였다고 설명하기보다는 철원주를 매출하였다고 설명하는 것이 이해에 도움이 된다.

**번역**

### (예제)

1월 8일, 최병규에게 철원주(鐵原紬) 150필을 매필 6원으로 판매하고, 대금은 20일 후에 받을 어음으로 영수하고, 거간 수수료 7원을 현금으로 지급하다.

(실습)

주물질(紬物秩)入 철원주 150필 @6원 대금 900원
최병규去(放) 철원주 150필 @6원 대금 900원
又入 동일물품 1월30일 후 추심 어음 900원
어음질去 최병규 지급 1월30일 추심 900원
주물질去 철원주 150필 거간수수료 7원 下

(설명)

첫째 줄은 최병규에게 철원주를 출고한 것을 기입한 것이고, 둘째 줄은 최병규에 대해 매출채권이 발생된 것을 기입한 것이다. 셋째 줄은 최병규에 대한 매출채권의 소멸을 기입한 것이고, 넷째 줄은 매출채권이 어음채권으로 전환된 것을 기입한 것이다. 다섯째 줄은 철원주 매출에 따른 거간수수료 7원을 현금 지급하다.

1916년 01월 09일

(例題)

第九日은眞絲百斤을每斤에二圓八十錢式打算하야安丁玉의機張藿三十隻과換色(交換의義)하고七圓加錢을現金으로領受하고機張藿運來費三圓을出給하다

(實習)

眞絲秩入一百斤〡〡〣代金二百八十圓
安丁玉去眞絲一百斤〡〡〣代金二百八十圓
又入機張藿三十隻合六百束〤〥[①]代感〢圓實金二百七十三圓
機張藿秩去同物三十隻合六百束〤〥代減七圓餘實二百七十三圓
又去同物運來費金三圓下
安丁玉入眞絲價中藿價相計餘錢七圓上

(說明)

此例題는有形物과有形物의交換이나實習은不可不雙方이物을賣하야物을買入함이되나니라故로第一行[②]은眞絲一百斤을安丁玉의게賣渡하고○第二行은機張藿三十隻을同人의게買入하고○第三行[③]은機張藿秩로眞絲代金을下하고○

第四行④은機張藿秩로運費三圓을下한者이오○第五行⑤은安丁玉의眞絲代金殘額을上한者이라

**주석**

① 600속×0.45 = 270원이어서 계산상 문제가 있으나, 273원(280원-7원) 그대로 사용하였다.

② 第一行은 第一行과 第二行이다.

③ 第二行은 第三行과 第四行이다.

④ 第四行은 第五行이다.

⑤ 第五行은 第六行이다.

**번역**

(예제)

1월 9일, 진사(眞絲, 명주실) 100근을 매근당 2원80전으로 계산하여 안정옥의 기장 곽(藿, 미역) 30척(隻)과 교환하고 차액 7원을 현금 영수하고, 기장미역 운반비 3원을 지급하다.

(실습)

주물질入 진사 100근 @ 2원80전 대금 280원

안정옥去 진사 100근 @ 2원80전 대금 280원

又入 기장곽 30척 합 600속 4전5리 차액(감) 7원 실수금 273원

기장곽질去 기장곽 30척 합 600속 4전5리 차액(감) 7원 차감액 273원

又去 기장곽질 운반비 3원 下

안정옥入 진사대금 중 곽대금 상계 잔액 7원 上

(설명)

이 예제는 물품을 다른 물품과 교환한 것인데, 쌍방이 물품을 매도하고 물품을 매입한 것과 같다. 첫째 줄과 둘째 줄은 진사 100근을 안정옥에게 매도한 사실의 기입이고, 셋째 줄과 넷째 줄은 안정옥에 대한 매입채무의 증가와 기장곽이란 자산의 증가의 기입이다. 다섯째 줄은 운반비 3원을 지급한 것인데, 기장곽의 매입원가로 처리하다. 여섯째 줄은 안정옥에 대한 매출채권 잔액 7원을 현금으로 받은 것이다.

**1916년 01월 10일**

(例題)

第十日은兎山紬三百疋을每疋에三圓八十錢式買得하야鄭戊敬의게染色을委託하고染色工錢으로八十圓을先給하다

(實習)

兎山紬秩去同物三百疋〣〨代金一千一百四十圓下

鄭戊敬去兎山紬三百疋染工中先給金八十圓下

(說明)

第一行은兎山紬代金을兎山紬秩로下한者이오○第二行은鄭戊敬의게染色工錢八十圓을下한者이니同物染色工錢을此行에서畢給한境遇면兎山紬秩로金額을下할지나此行에셔畢給지못한故로鄭戊敬의게로下하얏다가後日畢給時에는鄭戊敬還入八十圓으로更記하야餘條와幷히兎山紬秩로下하나니라

**번역**

(예제)

1월 10일, 토산주 300필을 매필 3원80전에 매입하여 정무경에게 염색을 위탁하고 염색가공료 80원을 선급하다.

(실습)

주물질去 토산주 300필 @3원80전 대금 1,140원 下

정무경去 토산주 300필 염공중 선급금 80원 下

(설명)

첫째 줄은 토산주 대금 1,140원 지급한 것이고, 둘째 줄은 정무경에게 염색가공료 80원을 지급한 것인데, 염색가공료를 모두 지급한 경우에는 이 줄에 주물질 금액을 지급한 것으로 기록되나, 모두 지급하지 않았기 때문에 이 줄에서 정무경에게 지급한 것으로 기록하였다가, 뒷날에 모두 지급한 경우에는 정무경입(또는 환입) 80원으로 다시 기록하고, 나머지 금액과 함께 주물질 거(去)한 것으로 기록한다.

## 1916년 01월 11일

### (例題)

第十一日은韓山生苧[①]一百五十疋을買得하니合價額은五百八十九圓이라○同物의口錢八圓을給하고○生苧中一百疋은鄭戊敬의게漂白을委任하고漂白工錢은生苧一百疋內에서五疋로定하야內減케하다[②]

### (實習)

生苧秩去韓山生苧一百五十疋價合金一百八十九圓[③]下

生苧秩去一百五十疋居口給金八圓下

又入同物五疋價金二十圓

又去生苧九十五疋練工給二十圓

### (說明)

第一行은生苧代金은生苧秩로下한者이오○第二行은居口를生苧秩로下한者이오○第三行,第四行은生苧五疋로生苧九十五疋練工을畢給한者이니假如十日例題와如이練工을畢給지아니한境遇면生苧五疋을生苧秩로下치못하고漂白委任人의게로下하나니라

#### 주석

① 생저(生苧)는 생모시.

② (589+8)÷150×5 = 19원90전이나 원문에 따라 20원 그대로 두었다.

③ 一百八十九圓은 五百八十九圓의 오기이다.

#### 번역

(예제)

1월 11일, 한산 생저 150필을 매입하였는데 대금은 589원이다. 매입 소개료 8원을 지급하고, 생모시 중 100필은 정무경에게 표백을 위임하고 표백공전은 생모시 100필 중의 5필로 정하여 지급하다.

(실습)

생저질去 한산 생모시 150필 대금 589원 下

생저질去 150필 거간수수료 대금 8원 下

又入 생저질 5필 대금 20원

又去 생저질 95필 연공 대금 20원

(설명)

첫째 줄은 생모시를 매득하고 대금 지급한 것이고, 둘째 줄은 거간수수료를 지급한 것이다. 셋째 줄과 넷째 줄은 생모시 5필로 생모시 95필을 표백연공을 마친 것이다. 만일 10일 예제와 같이 표백연공을 마친 것이 아니면 넷째 줄 '정무경 去 생모시 95필 연공 대금 20원'으로 기입한다.

**1916년 01월 12일**

(例題)

第十二日은安東布百疋을都合價額五百五十圓으로定하야朴己大의五方雜貨와換色하고○次에五房[①]雜貨三百五圓[④]價値를直放하야現金으로權禮得의三疊紙前條[②]로計給하다

(實習)

布屬秩入安東布一百疋價金五百五十圓

雜貨秩去朴己大五方雜貨價合五百五十圓

又入雜貨放價合卽錢三百五圓上

權禮得去[③]三貼紙價給三百五圓下

(說明)

第一行과第二行은安東布와雜貨가交換(第六章交換의狀態를參觀하라)하고○第三行은雜貨를直放하고○第四行은權禮得의三疊紙代金을給하니라

**주석**

① 五方 또는 五房으로 쓰며 오방잡화(五方雜貨)가 일반적이다. 오방잡화는 여러 가지 상품이라는 뜻이다.

② 三疊과 三貼으로 쓰며 모두 맞다. 삼첩지는 백지보다 두껍고 길이와 폭이 크며 누르께한 종이.

③ 원문에는 권예득으로 되어 있으나 2일자 권예득에 대한 어음상의 부채 상환이기 때문에 어음질로 처리하여야 하고, 일기장과 장책에서도 어음질로 처리하고 있다. 여기 去는 자산의 증가가 아니고 권예득에 대한 어음상 채무의 상환이기 때문에 부채의 감소로 처리하여야 한다.

④ 원문에는 300원으로 되어 있으나 권예득에 대한 어음금액이 305원이므로 원문을 수정하였다.

## 번역

(예제)

1월 12일, 안동포 100필의 가액을 550원으로 정하고, 박기대의 오방잡화와 교환하다. 오방잡화 305원어치를 현금으로 판매한 대금으로 권예득에 대한 삼첩지(제2일의 거래에서는 견양지라고 하였음) 매입대금 잔액을 지급하다.

(실습)

포속질入 안동포 100필 대금 550원
잡화질去 박기대 오방잡화 대금 550원
　　又入 잡화 판매 가액 305원 上
어음질去 삼첩지 대금 305원 下

(설명)

첫째 줄과 둘째 줄은 안동포와 잡화를 교환(제6장 교환의 범위와 상태를 참조하라)한 것이다. 셋째 줄은 잡화를 현금으로 판매한 것이고, 넷째 줄은 권예득에 대한 어음상의 채무 잔액을 지급한 것이다.

### 1916년 01월 13일

(例題)

第十三日은宋庚守의게北布九十疋을每疋二圓式에一朔外上으로賣下하고○飲食店에冷麪價三圓을給下하다

(實習)

布屬秩入北布九十疋 || 代金一百八十圓
宋庚守去北布九十疋 || 代限一朔放金一百八十圓

公用秩去冷麵價金三圓下

(說明)

第一行은布屬秩에셔北布九十疋을入하야第二行으로宋庚守의게賣下하고[①]○ 第三行은公用으로三圓을下하니라

**주석**

① '첫째 줄과 둘째 줄은 포속질에 속한 북포 90필을 @2원으로 송경수에게 외상매출하다'라고 설명하는 것이 더 명료하다.

**번역**

(예제)

1월 13일, 송경수에게 북포(北布) 90필 매필 2원으로 1개월 기한으로 외상매출하다. 음식점에 냉면 대금 3원 지급하다.

(실습)

포속질入 북포 90필 @2원 대금 180원
송경수去 북포 90필 @2원 1개월 기한 대금 180원
공용질去 냉면가액 3원 下

(설명)

첫째 줄은 북포 90필 판매한 것을 포속질로 처리한 것이고, 둘째 줄은 송경수에 대한 매출채권을 1개월 후에 받기로 한 것이다. 셋째 줄은 냉면 대금 3원을 지급한 것을 공용질로 처리한 것이다.

## 1916년 01월 14일

(例題)

第十四日은慶布百疋을劉辛雄의게一百十五圓으로賣下하고折半은外上,折半은直錢을推尋하白信明의게前日借用한元金百圓의邊利로九圓을給하다[①]

(實習)

布屬秩入慶布一百疋丨一𠂢代一百十五圓

劉辛雄去慶布一百疋丨一𠂢代金一百十五圓

又入上物中先上金五十七圓五十錢上

利子秩去白信明債條百圓自正月至六月晦合六朔邊九圓下

(說明)

第一行은布屬秩의셔慶布百疋을還入하야第二行으로劉辛雄의게前記物을賣渡하고○第三行은前記物價半數를領受하고○第四行은白信明의債條를給하니라

**주석**

① '邊利(이자) 9원을 지급하였다'는 내용이 예제(例題)와 실습(實習)에 기입되어 있으나, 일기장과 장책에는 그 내용이 없다. 일기장, 장책 및 회계책에 일관되게 기입되어야 하나, 그 기입이 없기 때문에 이 거래는 무시하였다.

**번역**

(예제)

1월 14일, 유신웅에게 경포 100필을 115원에 매출하고, 절반은 외상, 나머지 절반은 현금으로 받다. 백신명으로부터 차입한 100원에 대한 이자 9원을 지급하다.

(실습)

포속질入 경포 100필 @1원15전 대금 115원

유신웅去 경포 100필 @1원15전 대금 115원

又入 경포 판매가액 중 반액 57원50전 上

이자질去 백신명 차입금 100원 1월부터 6월말까지 6개월 이자 9원 下

(설명)

첫째 줄은 경포 100필 매출한 것을 포속질로 처리한 것이고, 둘째 줄은 유신웅에 대한 매출채권을 표시한 것이다. 셋째 줄은 유신웅에 대한 매출채권 반액을 영수한 것이다. 넷째 줄은 차입금에 대한 이자 지급이다.

## 1916년 01월 15일

(例題)

第十五日은原金(本錢)一百五十圓을月步三分邊利로劉辛雄의게貸給하고原金의三朔邊利十三圓五十錢①을先除하다

(實習)

劉辛雄債給②三月晦捧次金一百五十圓下

利子秩入上人條三朔邊利先上金十三圓五十錢上

(說明)

第一行은元金一百五十圓을貸下하고○第二行은前記金의利子十三圓五十錢을領受하니라

**주석**

① 3개월이자 : 150 × 0.03 × 3 = 13.50

② 채급(債給)은 去의 성격이나, 내용을 보다 분명히 표시하기 위해 사용한 것이다.

**번역**

(예제)

1월 15일, 원금 150원을 유신웅에게 월 3%의 이자율로 대여하고, 3개월치의 이자 13원 50전을 미리 제하다.

(실습)

유신웅去(債給) 3월 말 만기 대여금 150원 下

이자질入 유신웅 3개월 이자 선수(先受) 13원50전 上

(설명)

첫째 줄은 150원을 대여한 것이고, 둘째 줄은 3개월 이자 13원50전을 선수하다.

## 1916년 01월 16일

### (例題)

第十六日은鄭戊敬의게委托하얏던色紬三百疋과同人의게委托하얏던白苧九十五疋을推尋하야白壬周의게色紬는都合一千四百圓으로白苧는都合四百五十圓으로賣下하고總價額內의셔一千圓은十日後의推尋할魚驗을領受하고四百圓은前借用條로除하고四百五十圓은直錢으로推尋하다

### (實習)

紬屬秩①入兎山色紬三百疋價合一千四百圓
生苧秩入白苧九十五疋價合四百五十圓
白壬周放②兎山色紬三百疋價合一千四百圓
又放③白苧九十五疋價合四百五十圓
又入上兩種物價合一千八百五十圓上
又還給④債條計給金四百圓下
於音秩去白壬周二月晦日出次於音金一片一千圓下

### (說明)

第一行과第二行은紬物秩과生苧秩의셔還入(此例題와如히他人의게委托한物이아니라도此例로同함)하야第三行과第四行에白壬周게로放下하고○第五行은前記物價를領受하고○第六行은白壬周의前債條를給⑤下하고○第七行은白壬周의게前記物價零條를魚驗秩로下하니라

**주석**

① 주속질이 아니고 주물질이다.

②와 ③의 방(放)은 去와 같은 성격의 것이다.

④ 又는 白壬周를 의미하는데 일기장과 타급장책의 기입을 보면 백임주가 아니고 信成號이다. 還給은 去와 같은 성격의 것이다.

⑤는 전의 채무를 상환하였다는 뜻인데, 그 채무가 백임주에 대한 것이 아니고 신성호라는 것이다. 이것은 사개송도치부법의 대부분의 기록에서 초기 투자를 자본금으로 처리하지 않고 인명계정을 사용하였는데, 이 인명계정을 부채로 처리하였다. 예제 제1일의 신성호계정은 자본금이라고 설명하였으나, 제

16일의 처리를 보면 부채계정으로 처리하였다.

**번역**

(예제)

1월 16일, 정무경에게 위탁하였던 색주(제10일의 토산주) 300필과 같은 사람에게 위탁하였던 백저(제11일의 생모시)를 받아서 백임주에게 색주는 모두 1,400원에, 백저는 모두 450원에 판매하다. 판매총가액 1,850원 중에서 1,000원은 10일 후에 추심할 어음으로 받고, 400원은 채무 상환에 쓰고, 450원은 현금으로 받다.

(실습)

주물질入 토산색주 300필 가액 1,400원
생저질入 백저 95필 가액 450원
백임주去(放) 토산색주 300필 가액 1,400원
又去(放) 백저 95필 가액 450원
又入 위의 양 물품가액 1,850원 上
신성호去(還給) 차입금 400원 下
어음질去 백임주 2월 말 받을 어음 1,000원 下

(설명)

첫째 줄과 둘째 줄은 주물질과 생저질을 판매한 것이고, 셋째 줄과 넷째 줄은 백임주에 대한 매출채권을 표시한 것이다. 다섯째 줄은 전기 매출채권을 전액 현금 영수한 것으로 처리하다. 여섯째 줄은 백임주로부터 영수한 대금 중 400원은 신성호에 대한 차입금을 상환한 것이다. 일곱째 줄은 다섯째 줄에서 매출대금을 전액 현금으로 영수한 것으로 처리하였으나, 실제는 전액 현금 영수한 것이 아니고 1,000원은 10일 후 추심하는 어음을 받았기 때문에 이에 따른 처리이다.

## 1916년 01월 17일

(例題)

第十七은洪癸化의게公春一千八百七十五尺을每尺十九錢式에賣下하고價額三分之一은統營笠二十介와濟網五竹으로計入하고三分의二는外上으로하고○次

에三種皮物(山皮二十張,赤皮五張,狸皮五張)九十圓價置를直錢에買入하야卽時一百九圓에賣下하다

### (實習)

布屬秩入公春一千八百七十五尺｜㐅代三百五十六圓二十五錢
洪癸化去公春一千八百七十五尺｜㐅代三百五十六圓二十五錢
又入統營笠子二十介價合八十圓
又入濟網五竹價合三十八圓七十五錢
笠子秩去統營笠二十介代金八十圓
網巾秩去濟網五竹代金三十八圓七十五錢
皮物秩去三種皮物三十張價合九十圓下
又入同物三十張價合一百九圓上①

### (說明)

第一行은布屬秩의셔公春을入하야第二行洪癸化의게賣渡하고○第三行及第四行에笠子와網巾을計入하야第五行及六行에次第로代金을下하고○第七行에三種皮物을買入하야第八行에皮物을直放하니라

**주석**

① 포속질, 주물질, 생저질 및 잡화질 등의 상품에 대해서는 기말재고를 조사한 후에 매출이익을 산정하였으나, 피물질에 대해서는 매출 즉시 매출이익을 산정하였다. 109원(피물매출가액) − 90원(피물매출원가) = 19원(피물매출이익).

**번역**

(예제)

1월 17일, 홍계화에게 공춘(公春) 1,875척을 매척 19전에 판매하고 매출가액의 3분의 1은 통영갓(統營笠) 20개와 濟網(網巾) 5죽(竹)으로 상계하고, 3분의 2는 외상으로 하다. 세 가지의 피물(산피 20장, 적피 5장, 삵피(狸皮) 5장)을 매입하고 현금 90원을 지급하고, 즉시 109원에 판매하다.

(실습)

포속질入 공춘 1,875척 매척 19전 대금 356원25전
홍계화去(放) 공춘 1,875척 매척 19전 대금 356원25전

又入 통영갓 20개 대금 80원
又入 망건 5죽 대금 38원75전
갓질去 통영갓 20개 대금 80원
망건질去 망건 5죽 대금 38원75전
피물질去 3종 피물 30장 대금 90원 下
又入 동물품 30장 대금 109원 上

(설명)

첫째 줄은 공춘을 매출한 것을 의미하고, 둘째 줄은 공춘을 홍계화에게 매출하여 매출채권이 발생한 것을 의미한다. 셋째 줄과 넷째 줄은 홍계화에 대한 매출채권 중 일부를 갓과 망건을 매입한 것으로 상쇄하다. 다섯째 줄과 여섯째 줄은 갓과 망건을 취득한 것을 의미한다. 일곱째 줄은 3종의 피물을 현금으로 매입한 것이고, 여덟째 줄은 3종의 피물을 현금 매출한 것이다.

### 1916년 01월 18일

(例題)

第十八日은金乙先의게一百四十圓을領受①하고沈智元의게七百七十圓의物價를支拂②하고次에鄭戊敬의게兎山紬價八十圓을領受③하다

(實習)

於音秩還入④金乙先捧金一百四十圓上
沈智元還給金七百七十圓下
鄭戊敬還入八十圓
紬物秩去兎山紬染工八十圓⑤

(說明)

第一行은金乙先의게安亢羅價定期日出次於音을領受하고○第二行은沈智元의

慶布價本月八[⑥]日給次할七百七十圓을支拂하고○第四行[⑦]은十日鄭戊敬染工給(十日條)한八十圓을還入(此日兎山白紬가色紬로變하야入함으로染工을色紬로移去식히는例)하야第四行紬物秩로移去하니라

**주석**

① 제7일 김을선이 발행한 어음 대금을 회수한 것이다.

② 제3일 거래한 심지원에 대한 외상채무를 갚은 것이다.

③ 제10일에 정무경에게 염색가공 의뢰한 토산주의 염색이 완료되었기 때문에 정무경계정으로 처리되어 있던 것을 주물계정으로 대체한 것이다.

④ 환입은 入과 같은 성격인데, 여기서는 어음질 자산 감소의 기능을 한다.

⑤ 이 거래는 외상장책 주물질에 전기되지 않았다.

⑥ 8일에 급차(지급)한다고 되어 있으나 일기와 장책에는 18일로 기입되어 있다.

⑦ 第四行이 아니고 第三行이다.

**번역**

(예제)

1월 18일, 김을선이 지급할 어음 140원을 현금영수하고, 심지원에 대한 매입채무 770원을 현금 지급하다. 정무경에게 토산주의 염색가공을 위해 선급한 80원을 주물질로 대체하다.

(실습)

어음질入(還入) 김을선으로부터 받을 어음 140원 上

심지원去(還給) 매입채무 지급 770원 下

정무경入(還入) 80원

주물질去 토산주 염색가공 80원

(설명)

첫째 줄은 김을선에게 안주항라를 매출하고 받은 어음의 만기일에 현금 수취하다. 둘째 줄은 3일에 심지원으로부터 매입한 경포 외상대금 770원을 지급한 것이다. 셋째 줄과 넷째 줄은 10일 정무경에게 염색가공하기 위해 선급한 80원을 환입(이날 토산주가 염색가공되어 수령함)하여 주물질로 대체하다.

# 第十七章　諸類帳簿篇題及綴方例

## 主要 簿類

草日記[①]라함은草日記에記載된것을다시他冊에正書하는例가有하나니次의傳書된冊을(中日記)라稱함

他給長冊은卽給次를記入하는借入帳이오外上長冊은卽捧次를記入하는貸帳이니他給外上長冊을幷하야一冊에用하는例가多하니라

會計冊은決算時에用함

(一)

(二)

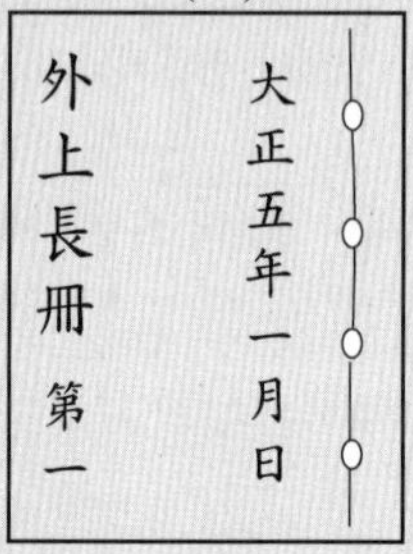


(三)

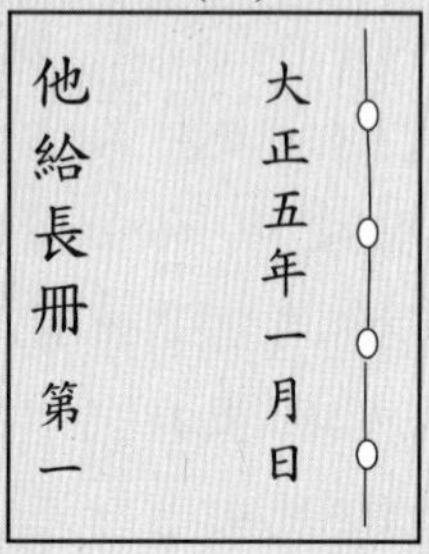


(四)

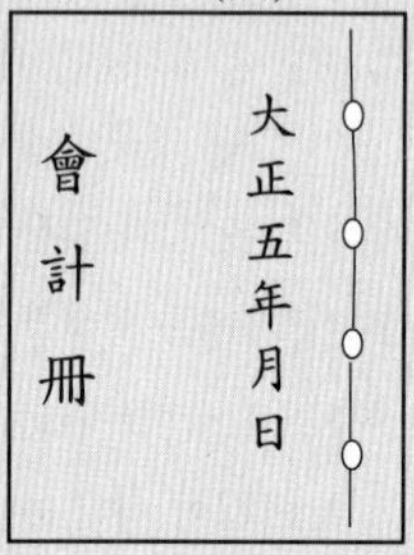


## 補助簿의類

此冊은現金으로買得하는것을記入하나니라

此冊은委任物의出納을記入하나니物商客主에서는廢치못할要簿이라

(甲)

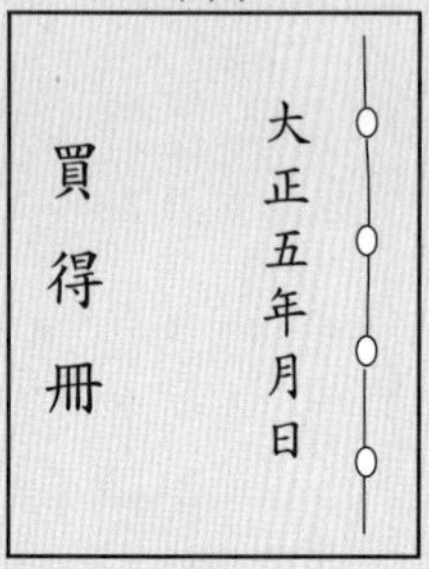


(乙)

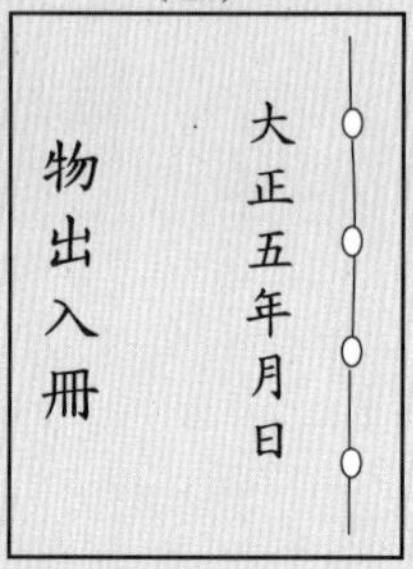


補助簿는以上甲乙以外의

一,(掌記冊)[②]을設하고他의一部分에對하야相計한것을記入하며

一,(公用秩)이라는一種冊을特設하고日記帳에서公用秩만摘入하며

一,(利益秩)이라는一種冊을特設하고日記帳에서利益秩만을 摘入하며

一,(調查簿)를特設하고自己의商業程度를隨하야一個月이나或三個月,六個月의

期限을定하고物의調査를記入함에用할지니此外에도補助簿로用하는種類는各其營業의區別로因하야多數한補助簿를用할지라도本章主要簿四種에總히係屬된者이니라

**주석**

① 일기장에는 초일기, 중일기 및 일기가 있다. 초일기는 비망장과 유사한 것으로 비록 초일기라고 하였으나, 완전한 일기장이라고 말할 수 없다. 중일기라는 장부도 있으나 일반적으로 사용되지 않았다. 일기가 일기장의 핵심이다. 따라서 초일기보다는 일기를 예로 드는 것이 합리적이다.

② 장기책의 사전적 의미는 물건이나 논밭 등의 매매에 관한 물목(物目)을 적어놓은 책이다. 이 책에서, 장기책의 예를 부록에서 제시하고 있다. 이 경우 장기는 급차장기와 봉차장기가 있는데, 급차장기는 개별 채무자와의 거래 증감 기록이고, 봉차장기는 개별 채권에 대한 증감기록이다. 급차장기든 봉차장기든 간에 특수관계자와의 거래인데, 거래자 별로 차액(이익)을 계산하고 있다. 일종의 도중(都中)회계와 유사하다.

**번역**

## 제17장 장부의 종류, 묶음 법 및 그 관계

### 주요 장부의 종류

| 초일기라 함은 초일기에 기재된 것을 다시 타책에 정서하는 예가 있으니 다음에 전서된 책을(중일기)라 칭함. | 타급장책은 즉 급차를 기입하는 차입장이고, 외상장책은 즉 봉차를 기입하는 장부이다. 타급외상장책을 함께 한 책에 기입하는 예가 많다. | 회계책은 결산시에 사용한다. |
|---|---|---|

1 2 3 4

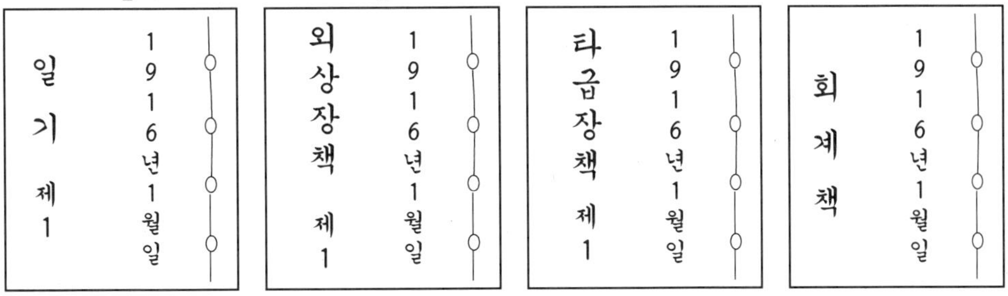

## 보조부의 종류

| 이 책은 현금으로 매입한 것을 기입한다. | 이 책은 위임물의 출납을 기입하는데, 물상객주에게는 없어서는 안 되는 장부이다. |
|---|---|
| 갑 | 을 |

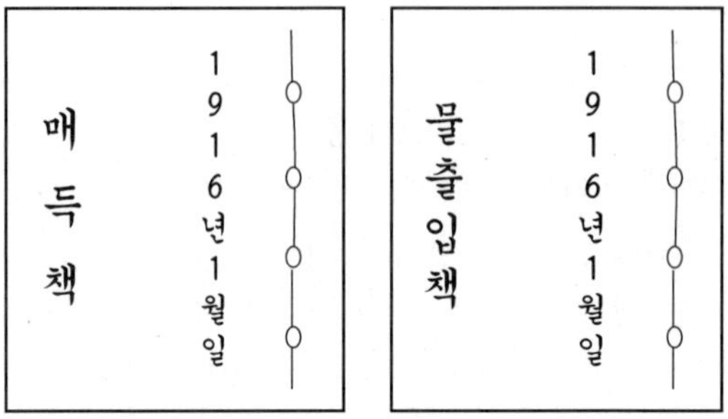


보조부에는 이상의 (갑)(을) 이외에 다음과 같은 장부가 있다:

1. 장기책 : 다른 일부분에 대하여 상계한 것을 기입한다.
2. 공용질 : 공용질이라는 장부를 만들어 일기장에서 공용질만 가려서 기입한다.
3. 이익질 : 이익질이라는 장부를 만들어 일기장에서 이익질만 가려서 기입한다.
4. 조사부 : 조사부라는 장부를 만들어 자기 영업의 정도에 따라 1개월, 3개월 또는 6개월의 기한을 정하여 물품의 조사를 기입하는 장부이다. 이상의 것 외에도 보조부로 사용하는 종류는 각자 영업의 종류에 따라 다수의 보조부가 있다. 어떠한 보조부도 이장의 주요장부 4개에 모두 속하는 것이다.

# 第十八章 (日記)綴方例①

(注意)本章書行의行頭에此(丶)打點과又(𠂇)列旗와行中에標算과入去字와及行末上,下字②와數行의末端에(|_|)의鐙子法諸例는第十五章松都日記와帳冊에特用字及符號置하는例를次第로叅照하라③

**주석**

① 철방예는 제17장을 고려하면 장부의 철하는 방법으로 보이나 제18장을 고려하면 일기장의 기입과 장책과의 연관이라고 해석하는 것이 합당하다고 사료된다.

② 入去上下는 중요하기 때문에 한 번 더 설명한다. 入과 去로 대차변을 구별하는 개념은 서양부기의 차변과 대변의 구별법보다 이해하기가 용이하다. 入은 부채의 증가와 이익의 발생, 자산의 감소에 사용한다. 去는 자산의 증가와 비용의 발생, 부채의 감소에 사용하는 기호이다. 上은 현금 수입 즉 증가, 下는 현금의 지출 즉 감소에 사용하는데 현금의 증감을 용이하게 알 수 있고, 일기장이 현금출납장의 기능도 한다. 入去上下는 시각효과를 살리기 위해 한자 그대로 사용한다.

③ 사개송도치부법은 많은 기호 또는 부호를 사용하고 있는데, 시각효과를 높여 이해에 도움을 준다.

**번역**

## 제18장 일기장의 기입과 장책과의 연관

(주의) 이 장 각 줄의 맨 앞의 타점(丶)과 열기(𠂇), 그리고 줄 중의 표산과 入去자, 줄 끝의 上下자 및 여러 개의 줄 끝에 (|_|) 등의 여러 가지 예는 '제15장 송도일기와 장책에서 사용되는 특별한 자와 부호가 위치는 하는 예'를 차례로 참조하시오.

丙辰陰正月 日 信成號

# 日 記 第一

1916년 01월 01일

丙辰大正五年陰正月信成號開業一日

初一日

丶信成號入資本金一萬五千圓上

丶第一銀行去當座預金八千五百圓下

丶公用秩去空冊十部價金一圓五十錢下

丶家舍秩去本商店用地段價金一百五十圓下

丶　又去本店修理費金三十圓下

丶方仁準入任置金二千圓上

丶申義植去漢陽木百疋價中預給金五十圓下

時在金八千二百六十八圓五十錢

**번역**

**병진(1916년) 음력 정월 신성호 개업 1일**

**1일**

丶신성호入 자본금 15,000원 上

丶제일은행去 당좌예금 8,500원 下

丶공용질去 노트10부 대금 1원50전 下

丶가사질去 상점부지 대금 150원 下

丶　又去 본점수리비 30원 下

丶방인준入 예수금 2,000원 上

丶신의식去 한양목 100필 대금 선급 50원 下

**현금잔액 8,268원50전**

1916년 01월 02일

二日

前日高八千二百六十八圓五十錢上

⺘、[①]權禮得入見樣紙十五塊〆亠代金七百〇五圓
　、見樣紙[②]秩去同物十五塊〆亠代金七百〇五圓
⺘、權禮得去見樣紙價中卽錢給四百圓下
⺘、於音秩入二月一日給次金三百〇五圓
⺘、權禮得去紙價零條二月一日給次於音給三百〇五圓
　　時在金七千八百六十八圓五十錢

**주석**

① 타점(、)은 장책에 전기하였다는 표시이다. 열기(⺘)는 일기장 내에서 서로 상계되어 효주될 때 표시한다. 즉 첫째 줄의 권예득入과 셋째 줄 및 다섯째 줄의 권예득去는 상계되어 효주된다.

② 둘째 줄의 견양지질(見樣紙秩)은 장책에서 지물질(지물질)로 처리하고 있다. 번역할 때는 지물질로 처리한다.

**번역**

## 2일

　　전일잔액 8,268원50전 上
⺘、권예득入 견양지 15뭉치 @47 대금 705원　　(장책에는 견양지가
　、지물질去 동물품 15뭉치 @47 대금 705원　　아닌 지물질로 처리)
⺘、권예득去 견양지 대금중 현금지급 400원 下
⺘、어음질入 2월 1일 지급 305원
⺘、권예득去 대금중 잔액 2월 1일 지급 어음 305원
　　**현금잔액 7,868원50전**

## 1916년 01월 03일

三日
　　前日高七千八百六十八圓五十錢上
⺘、沈智元入慶布七百疋丨一代限五日給次金七百七十圓[①]
　、布屬秩去慶布七百疋丨一代本月八日七百七十圓

時在金七千八百六十八圓五十錢

주석

① 등자(⌊__⌋) 표시가 누락되었음.

번역

**3일**

전일잔액 7,868원50전 上

**ォ**、심지원入 경포700필 @1원10전 대금 1월 8일 지급 770원

、포속질去 경포700필 @1원10전 1월 8일 받을 금액 770원

**현금잔액 7,868원50전**

1916년 01월 04일

四日

前日高七千八百六十八圓五十錢上

**ォ**、白信明入準木一千五百疋⼜代金一千三百五十圓

、白木秩去準木一千五百疋⼜代金一千三百五十圓

、第一銀行入小切手第一號金一千三百五十圓

**ォ**、白信明給[①]白木價上銀行小切手給一千三百五十圓

、白木秩去準木三十隻運來ト價三圓下

**時在金七千八百六十五圓五十錢**

주석

① 給은 去와 같은 성격의 것. 첫째 줄의 白信明入과 넷째 줄의 白信明去(給)은 소멸되므로 열기(**ォ**)를 표시하여 효주한다.

번역

**4일**

전일잔액 7,868원50전 上

ㅊ、백신명入 준목 1,500필 @90전 대금 1,350원

、백목질去 준목 1,500필 @90전 대금 1,350원

、제일은행入 수표제1호 금액 1,350원

ㅊ、백신명去(給) 제일은행수표 지급 1,350원

、백목질去 준목 30척 운반비 3원 下

**현금잔액 7,865원50전**

1916년 01월 05일

五日

前日高七千八百六十五圓五十錢上

、白蔘秩去同物(三十片)十斤〻代金九十圓下

時在金七千七百七十五圓五十錢

번역

**5일**

전일잔액 7,865원50전 上

、백삼질去 동일물품 30편 10근 대금 90원 下

**현금잔액 7,775원50전**

1916년 01월 06일

六日

前日高七千七百七十五圓五十錢上

ㅊ、李甲逑入各項紬物價合金四千圓

ㅊ、　又入各種布屬價合金三千圓

、紬物秩去各項紬物價合金四千圓

、布屬秩去各種布屬價合金三千圓

、方仁準貸入[①]申義植推次於音七千圓
才、李甲述給紬及布價畢上於音給七千圓
**時在金七千七百七十五圓五十錢**

### 주석

① 방인준으로부터 차입한 어음이기 때문에 대입(貸入)이 아니라 차입(借入) 또는 입(入)으로 표기하여야 한다.

### 번역

## 6일

전일잔액 7,775원50전 上
才、이갑술入 각종 주물 대금 4,000원
才、　又入 각종 포속 대금 3,000원
、주물질去 각종 주물 대금 4,000원
、포속질去 각종 포속 대금 3,000원
、방인준入(借入) 신의식 받을 어음 7,000원
才、이갑술去(給) 주물과 포속 대금 완불 어음 지급 7,000원
**현금잔액 7,775원50전**

## 1916년 01월 07일

## 七日

前日高七千七百七十五圓五十錢上
、紬物秩入安亢羅二十疋〻代金一百四十圓
才、金乙先放安亢羅二十疋〻代金一百四十圓
、又入安亢羅價本月十一日推次自己於音一百四十圓
、於音秩去金乙先本月十一日出次金一百四十圓
**時在金七千七百七十五圓五十錢**

**번역**

## 7일

전일잔액 7,775원50전 上

丶주물질入 안주항라 20필 @7원 대금 140원

**才**丶김을선去(放) 안주항라 20필 @7원 대금 140원

丶　　又入 안주항라 1월17일 후 추심어음 140원

丶어음질去 김을선 지급 1월17일 후 추심 140원

**현금잔액 7,775원50전**

1916년 01월 08일

## 八日

前日高七千七百七十五圓五十錢上

丶紬物秩入鐵原紬一百五十疋ᅩ代金九百圓

**才**丶崔丙奎放鐵原紬一百五十疋ᅩ代金九百圓

丶　又入上物價條本月二十一日自己出次於音九百圓

丶於音秩去崔丙奎本月二十一日出次金九百圓

丶紬物秩去鐵原紬一百五十疋居ロ金七圓下

**時在金七千七百六十八圓五十錢**

**번역**

## 8일

전일잔액 7,775원50전 上

丶주물질入 철원주150필 @6원 대금 900원

**才**丶최병규去(放) 철원주 150필 @6원 대금 900원

丶　　又入 동일물품 1월30일 후 추심 어음 900원

丶어음질去 최병규 지급 1월30일 후 추심 900원

丶주물질去 철원주 150필 거간수수료 7원 下

**현금잔액 7,768원50전**

## 1916년 01월 09일

### 九日

前日高七千七百六十八圓五十錢上

、紬物秩入眞絲一百斤〡〢〣代金二百八十圓

**才**、安丁玉去眞絲一百斤〡〢〣代金二百八十圓

、　又入機張藿 三十隻合六百束〤〥代減〦圓實金二百七十三圓

、機張藿秩去同物三十隻合六百束〤〥代減七圓餘實二百七十三圓

、　又去同物運來費金三圓下

**才**、安丁玉入眞絲價中藿價相計餘錢七圓上

**時在金七千七百七十二圓五十錢**

**번역**

### 9일

전일잔액 7,768원50전 上

、주물질入 진사 100근 @2원80전 대금 280원

**才**、안정옥去 진사 100근 @2원80전 대금 280원

、　又入 기장곽 30척 600속 4전5리 차액(감) 7원 실수금 273원

、기장곽질去 기장곽 30척 600속 4전5리 차액(감) 7원 실수금 273원

、　又去 기장곽 운반비 3원 下

**才**、안정옥入 진사대금 중 곽대금 상계 잔액 7원 上

**현금잔액 7,772원50전**

## 1916년 01월 10일

### 十日

前日高七千七百七十二圓五十錢

、紬物秩去同物三百疋〣〢〣代金一千一百四十圓下

**才**、鄭戊敬去兎山紬三百疋染工中先給金八十圓下

時在金六千五百五十二圓五十錢

번역

**10일**

전일잔액 7,772원50전 上

、주물질去 토산주 300필 @3원80전 대금 1,140원 下

*才*、정무경去 토산주 300필 염공중 선급금 80원 下

**현금잔액 6,552원50전**

1916년 01월 11일

十一日

前日高六千五百五十二圓五十錢上[①]

、生苧秩去韓山生苧一百五十疋價合金五百八十九圓下

、生苧秩去一百五十疋居口給金八圓下

、　又入同物五疋價金二十圓

、　又去同物九十五疋練工給二十圓

時在金五千九百五十五圓五十錢

주석

① 원문에는 前日高가 六千五百十二圓五十錢上으로 오기되어 있다.

번역

**11일**

전일잔액 6,552원50전 上

、생저질去 한산생모시 150필 대금 589원 下

、생저질去 150필 거간수수료 대금 8원 下

、 叉入 생모시 5필 대금 20원

、 叉去 생모시 95필 연공 대금 20원

현금잔액 5,955원50전

### 1916년 01월 12일

十二日

前日高五千九百五十五圓五十錢上

、布屬秩入安東布一百疋價合五百五十圓

、雜貨秩去朴己大五方雜貨合金五百五十圓

、 叉入雜貨放價金三百五圓上

𠂇、於音秩還給權禮得條三帖紙價給三百五圓下

**時在金五千九百五十五圓五十錢**

**번역**

**12일**

전일잔액 5,955원50전 上

、포속질入 안동포 100필 대금 550원

、잡화질去 박기대 매입 대금 550원

、 叉入 잡화 판매 대금 305원 上

𠂇、어음질去(還給) 권예득조 삼첩지 대금 305원 下

현금잔액 5,955원50전

### 1916년 01월 13일

十三日

前日高五千九百五十五圓五十錢上

、布屬秩入北布九十疋 || 代金一百八十圓

、宋庚守去北布九十疋 || 代放金一百八十圓

、公用秩去冷麪價金三圓下

**時在金五千九百五十二圓五十錢**

**번역**

**13일**

전일잔액 5,955원50전 上

、포속질入 북포 90필 @2원 대금 180원

、송경수去 북포 90필 @2원 1개월 기한 대금 180원

、공용질去 냉면가액 3원 下

**현금잔액 5,952원50전**

1916년 01월 14일

十四日

前日高五千九百五十二圓五十錢上

、布屬秩入慶布一百疋 | 一〻代金一百十五圓

、劉辛雄去慶布一百疋 | 一〻代金一百十五圓

、 又入上物價中先上金五十七圓五十錢上

**時在金六千〇十圓**

**번역**

**14일**

전일잔액 5,952원50전 上

、포속질入 경포 100필 @1원15전 대금 115원

、유신웅去 경포 100필 @1원15전 대금 115원

、 又入 경포 판매가액 중 반액 57원50전 上

**현금잔액 6,010원**

1916년 01월 15일

十五日

前日高六千〇十圓上

、劉辛雄債給三月三十日捧次金一百五十圓下

、利子秩入上人條三朔邊利先上金十三圓五十錢上

**時在金五千八百七十三圓五十錢**

**번역**

**15일**

전일잔액 6,010원 上

、유신웅去(債給) 3월말 만기 대여금 150원 下

、이자질入 유신웅 3개월 이자 선수 13원50전 上

**현금잔액 5,873원50전**

1916년 01월 16일

十六日

前日高五千八百七十三圓五十錢上

、紬物秩入兎山色紬三百疋價合金一千四百圓

、生苧秩入白苧九十五疋價合金四百五十圓

才、白壬周去兎山紬三百疋價合金一千四百圓

才、　又去白苧九十五疋價合金四百五十圓

才、　又入上兩種物價合金一千八百五十圓上

、信成號還給前債條白壬周給金四百圓下①

、於音秩去白壬周二月晦日出次於音一片一千圓下

**時在金六千三百二十三圓五十錢**

## 주석

① 第十六章 【例題】 第十六日의 (實習) 第六行에서 「又還給債條計給金四百圓下」에서 '又'는 白壬周를 의미한다. 第十六章 【例題】 第十六日의 【주석】 ④에서도 설명하였지만 백임주가 아니고 信成號 출자자이다. 사개송도치부법에서는 출자자의 출자금을 인명계정으로 처리하기 때문에 자본인지 차입금인지의 구별이 분명하지 않다. 사개송도치부법에 의한 장부 중에서 가장 완벽하게 보존되고 있는 박영진가의 장부에서도 출자가 '鉢谷宅'인데, 발곡댁이 부채인지 자본인지 분명하지 않다. 발곡댁에 대해 원금을 반제한다든지, 이자를 지급한 것이 그 예이다.

## 번역

### 16일

전일잔액 5,873원50전 上

、주물질入 토산색주 300필 대금 1,400원

、생저질入 백저 95필 대금 450원

才、백임주去 토산주 300필 대금 1,400원

才、 又去 백저 95필 대금 450원

才、 又入 위의 양 물품 대금 1,850원 上

、신성호去(還給) 차입금 지급 400 下

、어음질去 백임주 2월 말 받을 어음 1,000원 下

현금잔액 6,323원50전

1916년 01월 17일

### 十七日

前日高六千三百二十三圓五十錢上

、布屬秩入公春一千八百七十五尺丨〆代金三百五十六圓二十五錢

、洪癸化去公春一千八百七十五尺丨〆代金三百五十六圓二十五錢

、 又入統營笠子二十立價合金八十圓

、 又入濟網五竹價合金三十八圓七十五錢

、笠子秩去統營笠子二十立代金八十圓

、網巾秩去濟網五竹代金三十八圓七十五錢

**ナ**、皮物秩去山皮二十張赤皮五張狸皮五張合三十張價合金九十圓下

**ナ**、　又入同物三十張價合金一百九圓上

**時在金六千三百四十二圓五十錢**

**번역**

**17일**

전일잔액 6,323원50전 上

、포속질入 공춘 1,875척 @19전 대금 356원25전

、홍계화去(放) 공춘 1,875척 @19원 대금 356원25전

、　又入 통영갓 20개 대금 80원

、　又入 망건 5죽 대금 38원75전

、갓질去 통영갓 20개 대금 80원

、망건질去 망건 5죽 대금 38원75전

**ナ**、피물질去 산피20장 적피5장 삵피5장 피물 30장 매입대금 90원 下

**ナ**、　又入 동물품 30장 판매대금 109원 上

**현금잔액 6,342원50전**

**1916년 01월 18일**

十八日

前日高六千三百四十二圓五十錢上

**ナ**、於音秩還入金乙先捧金一百四十圓上

**ナ**、沈智元去還給金七百七十圓下

**ナ**、鄭戊敬還入八十圓

**ナ**、紬物秩去兎山紬染工八十圓

**時在金五千七百十二圓五十錢**

去①

〢 〤 〡 〤 〡 〨
万　　　　　十錢

入

〢万 〣 〦 〣 〢 〥十錢 [②] (此兩段胡算은決算時에試ᄒᆞᆫ例)

本章最末端의算表를置ᄒᆞᆫ者ᄂᆞᆫ決算時試算ᄒᆞᆫ者이니或臨時調查ᄒᆞᆯ時에도此等試算을用ᄒᆞᆷ이例則이니라

**주석**

① 원문의

〢万 〤 〡 去〤 〡 〥十錢 은 〡万 〧 〩 去〢 十 圓 의 오기이다.

② 호산으로 표시한 금액은 외상장책과 타급장책 계정의 잔액의 합계액이다. 아라비아 숫자로 표시하면 去의 합계액은 17,920원이고, 入의 합계액은 23,632원50전이다. 去의 합계액에 시재금(5,712원50전)을 더하면 入의 합계액과 일치한다. 즉 대차평균이 이루어진다는 것이다.

즉, 去의 합계액 + 시재금 = 入의 합계액

17,920원 + 5,712원50전 = 23,632원50전

**번역**

## 18일

전일잔액 6,342원50전 上

扌、어음질入(還入) 김을선 받을 어음 140원 上

扌、심지원去(還給) 매입채무 지급 770원 下

扌、정무경入(還入) 80원

扌、주물질去 토산주 염색가공 80원

**현금잔액 5,712원50전**

去 〡万〧〩〢十圓(17,920원)

入 〢万〣〦〣〢〥十錢(23,632원50전)

(상기 호산은 결산을 하기 위한 시산이다)

이 장의 제일 마지막에 계산표를 만든 것은 결산을 위한 시산이다. 혹 임시 조사할 필요가 있을 때도 이 시산을 사용하는 것이 관례이다.

# 第十九章　他給長冊綴方例

(注意)

一,本章行頭에(△)의行劃과及內字秩字의諸例ᄂᆞᆫ第十五章松都日記와長冊의特用字及符號置ᄒᆞᄂᆞᆫ例叅照ᄒᆞᆯ지며

一,本章書行例ᄂᆞᆫ一座에對ᄒᆞ야座目되ᄂᆞᆫ人의姓名이나物品의秩은大字로特書ᄒᆞ고次에記事ᄂᆞᆫ小字로列書ᄒᆞ되記事欄은恒常數行의餘白을置ᄒᆞᆯ지니만약當座의關係가消滅되기前에餘白이無ᄒᆞᆫ時ᄂᆞᆫ本座ᄂᆞᆫ一座의號를書頭에置ᄒᆞ고第一座의殘高를決算ᄒᆞ야第二座로座目을特置ᄒᆞᆫ後第一座의決算殘高를初行에記入ᄒᆞ고第二座가滿了된時ᄂᆞᆫ前例와同히第三,第四座로次第移去ᄒᆞᆯ지니預히當座의去來를叅酌ᄒᆞ야關係가複雜ᄒᆞᆫ境遇에ᄂᆞᆫ本座의餘白을多數히準備ᄒᆞᆷ이良好ᄒᆞ니라

一,本章篇頭에算表①와記事欄列書末端에圈點②은決算時에試ᄒᆞᄂᆞᆫ本例이니記事欄列書末端圈點票ᄂᆞᆫ決算後他座를用치아니ᄒᆞ고繼續記入ᄒᆞᆯ境遇이면決算以前以後를分析ᄒᆞ기에必要ᄒᆞ니라

外上長冊도此例와同ᄒᆞᆷ

**주석**

① 산표는 호산(胡算) 또는 표산(標算)을 말한다.

② 권점(圈點)은 ○표를 말하는데, 결산 후에도 장책 각 계정을 계속 사용할 경우 결산전후를 구분하기 위하여 사용하는 ○표이다.

**번역**

## 제 19 장　타급장책의 기입과 상호관련

(주의)

1. 이 장 각 줄의 맨 앞에 행획(△), 내(內)자 및 질(秩)자의 예는 '제15장 송도일기와 장책에서 사용하는 특별한 자(字)와 부호(符號)가 위치하는 예'를 참조하기 바란다.
2. 이 장 각 줄의 글자를 쓰는 예는 한 계정에 대해 계정의 명칭이 되는 사람의 성명이나 물품의 질(秩)은 큰 글자로 쓴다. 그 다음에 기사는 작은 글자로 차례로 쓰되, 기사란(記事欄)은 항상 여러 줄의 여백을 두어야 한다. 만약 이 계정의 관계가 소멸되기 전에 여백

이 없을 때는 이 계정의 제일 앞에 번호를 붙이고, 제1계정의 잔액을 산출한다. 그리고 제2계정을 설치한 후, 제1계정의 잔액을 첫 줄에 기입한다. 또 제2계정도 다 기입되었을 때는 앞의 예와 같이 제3계정, 제4계정으로 차례로 이기하게 된다. 미리 이 계정의 거래를 참작하여 거래가 많다고 생각할 경우는 해당 계정의 여백을 많이 두는 것이 바람직한 것이다.

3. 이 장 각 계정의 맨 앞의 호산(胡算)과 기사란 줄의 맨 끝에 권점(○)은 결산 시에 사용하는 기호이다. 기사란 줄의 맨 끝의 권점표(○)는 결산 후, 타 계정을 사용하지 아니하고 계속 기입할 경우이면 결산 이전과 이후를 구분하기 위해 필요한 것이다.
   외상장책도 이 예와 같다.

大正五年正月　日　大吉辰

# 他給長冊　第一

## 歲大正五年陰丙辰正月日大吉辰[1]他給長冊

〡万〤〦 信成號入 丙辰正月一日資本金一萬五千圓○

∽ 丙辰正月十六日前債條白壬周給金四百圓

〩 方仁準入 丙辰正月初一日任置金二千圓,初六日申義植推次於音七千圓○

△權禮得入 丙辰正月初二日見樣紙十五塊〤〦代金七百〇五圓[2]

∽ 丙辰正月初二日見樣紙價中卽錢給四百圓,又二月一日給次於音給三百〇五圓

△沈智元入 丙辰正月初三日慶布七百疋〡一代正月八日[3]給次金七百七十圓○

∽ 正月十八日給金七百七十圓畢給

△白信明入 丙辰正月初四日準木一千五百疋〩代金一千三百五十圓○

∽ 丙辰正月初四日準木價第一銀行切手給一千三百五十圓

權禮得에 記入ᄒᆞᆫ於音 △於音秩[4]入 丙辰正月二日本於音二月一日給次三百〇五圓○

∽ 丙辰正月十二日給三百五圓

△李甲述入 丙辰正月初六日各種紬物價合四千圓,又各種布屬價合金三千圓○

∽ 丙辰正月初六日紬物布屬價申義植於音給七千圓

(〡〣〥) △利子秩入 丙辰正月十五日劉辛雄債條三朔邊捧金十三圓五十錢○

(〡〩) 又 皮物利子十九圓[5]

## 주석

① 대길진(大吉辰)은 상길진(上吉辰)이라고도 하는데 큰 행운 또는 큰 복이 있기를 기원하는 뜻이다. 중세 이탈리아의 상인들이 회계장부의 표지에 십자가(✝) 또는 Good bless…를 기입한 것과 유사하다.

② 권점표 누락되다.

③ 八日이 아니고 十八日이다.

④ 於音秩入은 오늘날의 지급어음과 같은 것이다.

⑤ 피물이자 19원은 피물매매이익인데 피물매매이익으로 별도 계정을 설정하여야 하는데 이자질에 포함시켰다.

## 번역

**1916년 1월 일　　대길진**

# 타급장책 제1

## 세1916년 음력 병진 1월 일 대길진 타급장책

| | | |
|---|---|---|
| 14,600 | 신성호入 | 1916년 1월 1일 자본금 15,000원○ |
| | 內 | 1916년 1월 16일 차입금 지급 400원 |
| 9,000 | 방인준入 | 1916년 1월 1일 예수금 2,000원, 1월 6일 신의식 받을어음 7,000원○ |
| | △권예득入 | 1916년 1월 2일 견양지 15뭉치 705원 |
| | 內 | 1916년 1월 2일 견양지 대금 중 현금지급 400원, 2월 1일 지급어음 305원 |
| | △심지원入 | 1916년 1월 3일 경포 700필 @1원10전 1월 8일 지급 70원○ |
| | 內 | 1916년 1월 18일 매입채무 지급 770원 |
| | △백신명入 | 1916년 1월 4일 준목 1,500필 @90전 대금 1,350원○ |
| | 內 | 1916년 1월 4일 준목 제일은행수표 지급 1,350원 |
| | △어음질入 | 1916년 1월 2일 어음 2월 1일 지급 305원○ |
| | 內 | 1916년 1월 2일 지급 305원 |
| | △이갑술入 | 1916년 1월 6일 각종 주물 대금 4,000원, 又 각종 포속대금 3,000원○ |
| | 內 | 1916년 1월 6일 주물과 포속 대금 신의식 어음지급 7,000원 |
| 32.50 | 이자질入 | 1916년 1월 15일 유신웅 3개월 이자 선수 13원50전○ |
| | 又 | 1916년 1월 17일 피물이익 19원 |

## 第二十章　外上長冊의綴方例

(注意)本章例는他給長冊의注意를叅照하라

歲在丙辰陰正月　　日　　大吉辰

# 外上長冊　第一

## 歲在丙辰陰正月　　　日　　　大吉辰外上長冊第一

〧千〡〥　**第一銀行去** 丙辰正月初一日當座預金八千五百圓○

又 丙辰正月初四日小切手第一號金一千三百五十圓○

〤圓〥　**公用秩去** 丙辰正月初一日空冊十部價金一圓五十錢,十二日冷麪價金三圓○

〡百〨　**家舍秩去** 丙辰正月初一日本商店用地段價金一百五十圓,又本店修理費金三十圓○

〥十圓　**申義植去** 丙辰正月初一日漢陽木一百疋價中預給五十圓○

〧百○〥　**紙物秩去** 丙辰正月初二日同物十五塊〤〧代金七百○五圓○

〢千〥〦〨〧〥　**布屬秩去** 丙辰正月初三日慶布七百疋〡一代金初八日本金七百七十圓,初六日各種布屬價合金三千圓○

又 丙辰正月十二日安東布一百疋價合五百五十圓,十三日北布九十疋〢代金一百八十圓,十四日慶布一百疋代金一百十五圓,十七日公春一千八百七十五尺〡〩代金三百五十六圓二十五錢

〢千〣〥〣[①]　**白木秩去** 丙辰正月初四日準木一千五百疋,〩代金一千三百五十圓, 又同物三十隻運來價金三圓○

〩十　**白蔘秩去** 丙辰正月初五日同物三十片十斤〩代金九十圓○

〡千〤〢〧[②]　**紬物秩去** 丙辰正月初六日各項紬物價合金四千圓,初八日同物居口給金七圓,初十日兎山紬三百疋〣〨代金一千一百四十圓○[③]

又 丙辰正月初七日安亢羅二十疋[④]代金一百四十圓,初八日鐵原紬一百五十疋〦代金九百圓,九日眞絲

一百斤〢〨代金二百八十圓,十六日兎山色紬三百疋價合金一千四百圓○

△金乙先放 丙辰正月初七日安亢羅二十疋〧代金一百四十圓

∽ 丙辰正月初七日安亢羅價本月十一日推次自己於音一百四十圓

〡千〤 於音秩去 丙辰正月初七日金乙先正月十一日出次於音一百四十圓,初八日崔丙奎正月二十一日出次金九百圓,十六日白壬周二月晦日出次金一千圓○

∽ 丙辰正月十八日金乙先於音捧金一百四十圓○

△崔丙奎放 丙辰正月初八日鐵原細[5]一百五十疋〦代金九百圓

∽ 丙辰正月初八日自己於音正月二十一日出次金九百圓

△安丁玉去 丙辰正月初九日眞絲一百斤〢〨代金二百八十圓

∽ 丙辰正月初九日機張藿三十隻合六百束〤〥代減〧圓餘實金二百七十三圓,又眞絲價中藿價計餘殘七圓 合二百八十圓計上

〢百〧〦 機張藿秩去 丙辰正月初九日同物三十隻各六百束〤〥代減〧圓餘實二百七十三圓,同物運來費金三圓○

△鄭戊庚去 丙辰正月初九日兎山紬三百疋染工中先給金八十圓

∽ 丙辰正月十八日入八十圓

〡百〤[6] 生苧秩去 丙辰正月十一日韓山生苧一百五十疋價合五百八十九圓又同物居口金八圓,同物九十五疋練工金二十圓○

∽ 丙辰正月十一日同物五疋價金二十圓,二十六日[7]白苧九十五疋價合金四百五十圓○

〢百〤〥　　雜貨秩去　丙辰正月十二日朴己大買入雜貨價合五百五十圓○

　　　　　　　　ꝏ　丙辰正月十二日雜貨放賣價合三百〇五圓○

〡百〨　　宋庚守去　丙辰正月十二日北布九十疋〢代金一百八十圓○

〢百〇〧〥　　劉辛雄去　丙辰正月十四日慶布一百疋〡一〥代金一百十五圓,

又債給丙辰三月卅日捧次一百五十圓○

　　　　　　　　ꝏ　丙辰正月十四日先上金五十七圓五十錢○

△白壬周放　丙辰正月十六日兎山色紬三百疋價金一千四百圓,又白

苧九十五疋價金四百五十圓

　　　　　　　　ꝏ　丙辰正月十六日物價上金一千八百五十圓畢入

〢百〣〧〥　　洪癸化放　丙辰正月十七日公春一千八百三十五尺〡〩代金三百

五十六圓二十五錢○

　　　　　　　　ꝏ　丙辰正月十七日統營笠二十立價金八十圓,又濟網

五竹價金三十八圓七十五錢○

〨　　笠子秩去　丙辰正月十七日統營笠二十立代金八十圓○

〣十〨〧〥　　網巾秩去　丙辰正月十七日濟網五竹代金三十八圓七十五錢○

〡十〩△⑧　　皮物秩去　丙辰正月十七日山皮二十張,赤皮五張,狸皮五張合三

十張代金九十圓○

　　　　　　　　ꝏ　丙辰正月十七日同物三十張放代金一百〇九圓○

**주석**

① 〢千〣〥〣이 아니라 〡千〣〥〣이다.

② 〡千〤〢〧이 아니라 〢千〤〢〧이다. 이 오기는 계산의 착오이다. 누락된 주석③의 八十圓을 포함하면 실제잔액은 〢千〥百〧이다.

③ 일기장의 18일자 기입 "紬物秩去兎山紬染工八十圓"이 紬物秩去에 전기되지 않았다.

④ 단가 〧(7원)이 누락되어 있다.

⑤ 細가 아니고 紬이다.

⑥〡百〤이 아니고 〡百〤〨이다.

⑦ 二十六日이 아니고 十六日이다.

⑧ 〡十〩△의 기록은 혼동을 일으키게 한다. 〡十〩 즉 19원(109원-90원)은 피물질 매출이익의 표시이다. △는 외상장책이나 타급장책에서 봉차와 급차가 상호 소멸될 때 사용하는데, 이 부호는 행획(行劃) 또는 효주(爻周)라고 한다. 피물질 매출이익 19원을 타급장책의 이자질로 대체하였으나, 여기에 대체기록의 표시는 없으나 실제로 대체되었기 때문에 △ 표시를 하였다. 〡十〩△과 같은 모순된 표시를 하지 않으려면 일기장에 다음과 같은 기입이 있어야 한다.

皮物秩去 皮物賣出利益 利子秩로 移替 十九圓

利子秩入 皮物賣出利益 十九圓

일기장에서 위와 같은 기입을 하고, 해당 장책에 전기하였다면 〡十〩 기입은 필요 없다.

**번역**

## 제 20 장 외상장책의 기입과 상호관련

(주의) 이 장의 기입은 타급장책의 주의를 참조하기 바란다.

세1916년(병진) 1월 일 대길진

| | | |
|---|---|---|
| 7,150 | 제일은행去 | 1916년 1월 1일 당좌예금 8,500원○ |
| | 內 | 1916년 1월 4일 수표 제1호 1,350원○ |
| 4.50 | 공용질去 | 1916년 1월 1일 노트 10부 1원50전, 13일 냉면대금 3원○ |
| 180 | 가사질去 | 1916년 1월 1일 상점부지 150원, 점포수리비 30원○ |
| 50 | 신의식去 | 1916년 1월 1일 한양목 100필 선급 50원○ |
| 705 | 지물질去 | 1916년 1월 2일 견양지 15뭉치 @47 대금 705원○ |
| 2,568.75 | 포속질去 | 1916년 1월 3일 경포 700필, 8일 받을금액 770원, 6일 각종포속 대금 3,000원○ |

| | | |
|---|---|---|
| | 內 | 1916년 1월 12일 안동포 100필 550원, 13일 북포 90필 @2 대금 180원, 14일 경포 100필 @1.15 대금 115원, 17일 공춘 1,875척 @0.19 대금 356원25전 |
| 1,353 | 백목질去 | 1916년 1월 4일 준목 1,500필 @90 1,350원, 又 준목 30척 운반비 3원○ |
| 90 | 백삼질去 | 1916년 1월 5일 백삼 30편 10근 @9 대금 90원 |
| 2,507 | 주물질去 | 1916년 1월 6일 각종주물 대금 4,000원, 8일 철원주 150필 거간수수료 7원, 10일 토산주 300필 @3.80 대금 1,140원, 18일 토산주 염색 가공비 80원○ |
| | 內 | 1916년 1월 7일 안주항라 20필 @7 대금 140원, 8일 철원 주 150필@6 대금 900원, 9일 진사 100근 @2.80 대금 280원, 16일 토산색주 300필 대금 1,400원○ |
| | △김을선放 | 1916년 1월 7일 안주항라 20필 @7 대금 140원 |
| | 內 | 1916년 1월 7일 안주항라 1월 17일 추심 어음 140원 |
| 1,900 | 어음질去 | 1916년 1월 7일 안주항라 1월 17일 추심 140원, 8일 최병규 지급 1월 28일 후 추심 900원, 16일 백임주 2월말 받을어음 1,000원○ |
| | 內 | 1916년 1월 18일 김을선 받을어음 대금 140원○ |
| | △최병규放 | 1916년 1월 8일 철원주 150필 @6 대금 900원 |
| | 內 | 1916년 1월 8일 동일품목 1월 20일 후 추심 어음 900원 |
| | △안정옥去 | 1916년 1월 9일 진사 100근 @2.80 대금 280원 |
| | 內 | 1916년 1월 9일 기장곽 30척 600속 4전5리 차액(감)7원 실수금 273원, 又 진사대금 중 곽대금 상계 7원 합 280원 계상 |

| | | |
|---|---|---|
| 276 | 기장곽질去 | 1916년 1월 9일 동물품 30척600속 4전5리 차액(감) 273원, 동물품 운반비 3원○ |
| | △정무경去 | 1916년 1월 10일 토산주 300필 염공중 선급금 80원 |
| | 內 | 1916년 1월 18일 환입 80원 |
| 147 | 생저질去 | 1916년 1월 11일 한산생모시 150필 대금 589원, 동물품 거간 수수료 8원, 동 물품 95필 연공(練工) 20원○ |
| | 內 | 1916년 1월 11일 동물품 5필 대금 20원, 16일 백저 95필 대금 450원○ |
| 245 | 잡화질去 | 1916년 1월 12일 박기대 550원○ |
| | 內 | 1916년 1월 12일 판매 305원○ |
| 180 | 송경수去 | 1916년 1월 13일 북포 90필 @2 1개월 기한 대금 180원○ |
| 207.50 | 유신웅去 | 1916년 1월 14일 경포 100필 @1.15 대금115원, 15일 채급 3월말 만기 봉차 150원○ |
| | 內 | 1916년 1월 14일 경포판매대금 중 반액 현금회수 57원50전○ |
| | △백임주放 | 1916년 1월 16일 토산색주 300필 대금 1,400원, 又 백저 95필 대금 450원 |
| | 內 | 1916년 1월 16일 양물품 대금회수 1,850원 |
| 237.50 | 홍계화放 | 1916년 1월 17일 공춘 1,875척 @0.19 대금 356원 25전○ |
| | 內 | 1916년 1월 17일 통영갓 20개 대금 80원, 又 망건 5죽 대금 38.75전○ |
| 80 | 갓질去 | 1916년 1월 17일 통영갓 20개 대금 80원○ |
| 38.75 | 망건질去 | 1916년 1월 17일 산피 20장, 적피 5장, 삵피 5장, |

| | | |
|---|---|---|
| | | 대금 90원○ |
| 19 | △피물질去 | 1916년 1월 17일 산피 20장, 적피 5장, 삵피 5장 대금 90원○ |
| | 內 | 1916년 1월 17일 동물품 30장 판매 대금 109원○ |

## 第二十一章　決算時綴方四介의分立例[1]

### (가)會計冊

會計冊[2]은補助簿一種에屬한者이니本會計는以上例題를決算한者이라

# 會 計 冊

# 會計冊

(一)

## 給次秩

信成號給次金一萬四千六百圓

方仁準給次金九千圓

債給利子秩給次十三圓五十錢

皮物利文十九圓③

(二)

## 捧次秩

(注意)本秩行頭에打點及算表는合算時에利益計算을試흔例이라④

第一銀行當座預金殘額七千一百五十圓

公用秩捧次金四圓五十錢

家舍秩去文一百八十圓

申義植去文五十圓

、見樣紙⑤十五塊去文七百〇五圓

〡百〨〡二〥⑥ 、布屬秩去文二千五百六十八圓七十五錢

、白木秩去文一千三百五十三圓

、白蔘秩去文九十圓

〢十〧〧〥〥⑦ 、紬物秩去文二千五百七圓(本算은二千四百二十七圓⑧)

於音秩去文一千九百圓

、機張藿去文二百七十六圓

〣十三⑨ 、生苧秩去文一百四十七圓

〥十〥⑩ 、雜貨秩去文二百四十五圓

宋庚守去文一百八十圓

劉辛雄去文二百〇七圓七十錢

洪癸化去文二百三十七圓五十錢

、笠子秩去文八十圓

、網巾秩去文三十八圓七十五錢

時在現金五千七百十二圓五十錢

(二)之附

在物記(在物의價格은時價가低落된物은低落된價格으로計算ᄒᆞ되其外는市價가高騰ᄒᆞᆯ지라도

本價로計算ᄒᆞ나니라)

(注意)此行頭에打點은日記冊第二로傳書時에用ᄒᆞᆫ者이라

、慶布六百疋〡一代六百六十圓

、北布五百疋〢代一千圓

、安東布一百五十疋〣代百五十圓⑪

、公春三千五百尺〡〣代六百三十圓

、見樣紙十五塊〥代七百〇五圓

、白木一千五百疋〤〣⑫代一千三百五十三圓

、白蔘十斤〤代九十圓

、色紬二百疋〣〥代七百圓

、鐵原紬一百疋〦代六百圓

、安亢羅一百疋合尺三千九百尺〢〤代九百三十六圓

、德亢羅十五疋合尺六百三十五尺〢〤代一百五十八圓七十五錢五厘

、眞絲五十斤〢〣代一百四十圓

、機張藿六百束〤〦代二百七十六圓

、生苧五十疋〤⑬代一百八十圓

、雜貨各種價合三百圓

、笠子二十立〤代八十圓

、網巾五竹〦〦〥代三十八圓七十五錢

在物價合文八千二百九十七圓五十錢〇五厘

(三)

利益秩

利益文二百八十七圓〇五厘⑭

皮物利文十九圓

利子文十三圓五十錢

三合文三百十九圓五十錢〇五厘內⑮

**(四)**

### 消費秩

公用文四圓五十錢除

**(나)**

### 純利益文三百十五圓○五厘

### 주석

① 四介의 分立이란 급차질, 봉차질, 이익질 및 소비질을 四介라고 하였다. 현대적 용어로 표현하면 부채, 자산, 수익 및 비용을 말하는 것이다.

② 개성부기에서 회계책이라는 용어는 세 가지 유형으로 나누어 볼 수 있다. 현병주는 회계책을 보조장부의 일종으로 보고, 결산하는 것이라고 정의하였다. 박영진가의 개성부기장부와 대한천일은행의 회계장부는 특수관계자와의 거래를 회계책이라고 하였다. 박영진가 개성부기장부 중 회계책의 명칭은 각인회계책이다. 차인제도에 따른 주인과 차인과의 거래를 취급하고 결산하는 도중(都中)회계 장부이다. 이 도중회계는 이익이나 손실이 발생하면 주인과 차인이 반분하게 되어 있다. 대한천일은행의 회계책은 박영진가의 각인회계책, 즉 도중회계와는 성격이 다르다. 대한천일은행의 회계책은 차인제도에 따른 도중회계가 아니고, 특수관계자와의 거래를 취급하는 장부이다. 현병주의 회계책은 박영진가와 대한천일은행의 주회계(周會計)와 같은 성격을 가지고 있다. 그러므로 회계책을 보조부라고 정의하는 것은 문제가 있다고 볼 수 있다.

③ 皮物利文十九圓에 대해 타급장책에서는 이자질에 포함시켰으나, 회계책에서는 분리하여 표시하였다.

④ 타점(、)이 있는 질 또는 계정은 매매이익의 계산이 필요한 질이고, 표산이 기입되어 있는 것은 그 질의 매매이익이다.

⑤ 見樣紙를 외상장책에서는 紙物秩이라고 표시하고 있다.

⑥ 포속질 매매이익은〡百〨〡二〥이 아니라 〡百〧〡二〥(171원25전)이다.

매매이익의 계산과정은 아래와 같다.

포속매입총액 : 3,770원, 매출총액 : 1,201원25전

기말재고액 : 2,740원(경포 660원+북포 1,000원+안동포 450원+공춘 630원)

1,030원(매출원가) = 3,770원(매입액) − 2,740원(기말재고)

171원25전(포속매매이익) = 1,201원25전(매출액) − 1,030원(매출원가)

⑦ 〢十〧〧〥〥(27원75전5리)는 주물질 매매이익이다. 매매이익의 계산과정은 아래와 같다.

주물매입총액 : 5,227원, 매출총액 : 2,720원

기말재고 : 2,534원75전5리(색주 700원+철원주 600원+안항라 936원+덕항라 158원75전5리+진사 140원)

2,692원24전5리(매출원가) = 5,227원(매입액) - 2,534원75전5리(기말재고)

27원75전5리(주물매매이익) = 2,720원(매출) - 2,692원24전5리(매출원가)

⑧ '**本算은二千四百二十七圓**'이란 외상장책 주물질의 잔액이 2,427원이라는 것이다. 본산 2,427원에 18일자 토산주 염색가공비 80원이 전기되지 않은 상태의 금액이다. 회계책에서 이 80원을 가산하여 2,507원으로 수정하였다. 한편 외상장책 주물질의 **標算** 표시 〡千〤〢〧(1,427원)은 오기이며, 〢千〤〢〧(2,427원)으로 표시하여야 한다.

⑨ 생저질의 매매이익은 〣十三(33원)이다.

매매이익의 계산과정은 아래와 같다.

생저매입총액 : 617원, 매출총액 : 470원, 기말재고 : 180원

437원(매출원가) = 617원(매입액) - 180원(기말재고)

33원(생저매매이익) = 470원(매출) - 437원(매출원가)

⑩ 잡화의 매매이익은 〥十〥(55원)이다.

매매이익의 계산과정은 아래와 같다.

잡화매입총액 : 550원, 매출총액 : 305원, 기말재고 : 300원

250원(매출원가) = 550원(매입액) - 300원(기말재고)

55원(잡화매매이익) = 305원(매출) - 250원(매출원가)

⑪ 안동포의 재고는 150원이 아니고 450원이다.

⑫ 〩〣가 아니고 〩〇〣(90전3리)이다.

⑬ 〩이 아니고 〣〦(3원60전)이다.

⑭ 287원5리(상품매출총이익) = 171.25 + 27.755 + 33 + 55

포속 매매이익, 주물 매매이익, 생저 매매이익 및 잡화 매매이익의 합산금액과 일치한다.

⑮ **內**는 차감한다는 뜻이므로 **消費秩 公用文四圓五十錢除**의 **除**는 중복 표시이다.

**번역**

## 제21장 결산 시 사개의 상호관련성

### (가) 회계책

회계책은 보조부의 하나이고, 이 회계는 이상의 예제를 결산한 것이다.

# 회 계 책

## 회 계 책

### (1) 급차질

신성호 급차 14,600원

방인준 급차 9,000원

채권이자질 급차 13원50전

피물이익 19원

### (2) 봉차질

(주의) 이 봉차질의 줄 맨 앞에 타점(、)과 산표(또는 호산)가 기입되어 있음은 이익을 미리 계산해 보았다는 것이다.

제일은행 당좌예금 잔액 7,150원

공용질 봉차 4원50전

가사질 去 180원

신의식 去 50원

、지물질(견양지) 15괴(塊) 去 705원

丨百亖丨二8 、포속질 去 文 2,568원75전

、백목질 去 文 1,353원

、백삼질 去 文 90원

〢十亠亠88 、주물질 去 文 2,507원

어음질 去 文 1,900원

、기장곽질 去 文 276원

〣十三 、생저질 去 文 147원

8十8 、잡화질 去 文 245원

송경수 去 文 180원

유신옹 去 文 207원50전

홍계화 去 文 237원50전

、갓질 去 文 80원

、망건질 去 文 38원75전

**시재현금** 5,712원50전

(2)의 부속명세서

**재고액**(시가가 하락된 재고품은 하락된 가격으로 평가하고, 시가가 상승하였을 때는 원가로 평가한다. 즉 재고자산은 저가주의로 평가한다)

(주의) 이 줄의 맨 앞에 타점(、)을 찍는 것은 일기장 제2로 옮길 때 옮긴 것을 확인하기 위해 찍은 타점(、)이다.

、경포 600필 @1원10전 대금 660원(포속질)

、북포 500필 @2원 대금 1,000원(포속질)

、안동포 150필 @3원 대금 450원(포속질)

、공춘 3,500척 @18전 대금 630원(포속질)

、견양지 15뭉치 @47원 대금 705원(지물질)

、백목 1,500필 @90전2리 대금 1,353원(백목질)

、백삼 10근 @9원 대금 90원(백삼질)

、색주 200필 @3원50전 대금 700원(주물질)

、철원주 100필 @6원 대금 600원(주물질)

、안항라 100필 합척(合尺) 3,900척 @24전 대금 936원(주물질)

、덕항라 15필 합척 635척 @24전 대금 158원75전5리(주물질)

、진사 50근 @2원80전 대금 140원(주물질)

、기장곽 600속(束) @46전 대금 276원

、생저 50필 @3원60전 대금 180원

、잡화 각종가합(各種價合) 300원

、갓(笠子) 20립(立) @4원 대금 80원

、망건 5죽(竹) @7원75전 대금 38원75전

**재고액합계** 8,297원50전5리

(3) 이익질

상품매매이익 287원5리

피물매매이익 19원

이자수익 13원50전

이익합계 319원50전5리**內**

(4) **소비질**

공용질 4원50전除

(나) **순이익** 315원5리

# 第二十二章　決算時合算의實例①

此章은決算時의最히重要ᄒᆞᆫ機關이니入ᄒᆞᆫ利益은何何物秩로셔生ᄒᆞᆫ것을計測하야 入과去를整理ᄒᆞ고消費된公用秩은還上시키여全部의入과去가一目瞭然으로符合되여야以上治簿의信用이成立되나니라

決 算 帳

(試算의 實例)

(甲之一)

信成號入十八個日會計利益文三百十五圓○○五厘上②

(甲之二)(注意)消費된公用을還上으로入하여야本算이整理되나니라

公用還上文四圓五十錢上

入合三百十九圓五十錢○五厘

(乙之一)③

布屬秩去過入文一百七十一圓二十五錢下

紬物秩去過入文二十七圓七十五錢五厘下

生苧秩去過入文三十三圓下

雜貨秩去過入文五十五圓下

皮物利子④去過入文十九圓下

(乙之二)

債給利子秩去⑤文十三圓五十錢下

去合三百十九圓五十錢○五厘

**주석**

① 결산 시 합산의 실례는 회계책의 이익질과 소비질을 다시 검산하는 과정이라고 말할 수 있다.

② 시산의 실례에서 나오는 上과 下는 현금의 입출입을 의미하는 것이 아니기 때문에 별 의미가 없다. 원래 上下는 현금의 입출에 사용되는 기호이다.

③ 상품매매이익과 이자수익을 분리하여 정리한 것이 유의미하다.

④ 피물매매이익질이 정확한 표기이다.

⑤ 앞의 예와 일관되게 過入라는 용어를 기입하여야 한다.

**번역**

## 제22장 결산 시 합산의 실례

이 장은 결산 시에 가장 중요한 절차이다. 이익은 어떠한 상품 등에서 발생한 것인가를 계측하여 입과 거를 정리하고, 그리고 소비된 공용질은 환상시켜 전부의 입과 거가 일목요연하게 부합되어야 치부의 신용이 성립된다.

# 결 산 장

**(시산의 실례)**

(갑의 1)

신성호入 18일 동안 회계이익금 315원5리 上

(갑의 2) (주의) 소비된 비용을 환상으로 入하여야 본산이 정리된다.

비용차감 금액 4원50전 上

**入合計 319원50전5리**

(乙의 1)

포속질去 과입금 171원25전 下

주물질去 과입금 27원75전5리 下

생모시질去 과입금 33원 下

잡화질去 과입금 55원 下

피물매매이익질去 과입금 19원 下

(乙의 2)

채급이자질去 과입금 13원50전 下

**去合計 319원50전5리**

## 第二十三章　後錄復簿[①]의例 (三則)

本章은決算後에更히記事의性質을隨ᄒᆞ야次第로日記에轉記ᄒᆞ고諸類長冊에傳書復位케ᄒᆞᄂᆞᆫ例라

# 復 簿 例

(一)

## 日記第二②

(注意)日記冊에編製ᄂᆞᆫ松都서白紙一束(卽二十枚)ᄋᆞᆯ十字樣ᄋᆞ로折하야橫裁ᄒᆞ니凡四十枚라四十枚에서前後衣二枚ᄂᆞᆫ除ᄒᆞ고記事篇ᄋᆞᆫ三十八枚로證明ᄒᆞ나니此에日記第二ᄅᆞᆯ用ᄒᆞᆷᄋᆞᆫ決算ᄋᆞᆯ經ᄒᆞᆫ結果로必히第二卷ᄋᆞᆯ用ᄒᆞᆷ이아니라決算ᄋᆞᆯ試치아니ᄒᆞᆫ時라고第一冊餘白이無ᄒᆞᆫ時ᄂᆞᆫ第二冊ᄋᆞᆯ用ᄒᆞᆯ지며決算ᄋᆞᆯ經ᄒᆞᆫ後이라도第一權에餘白이有ᄒᆞᆫ時ᄂᆞᆫ一卷에繼續記入하나니라

## 大正五年正月十九日

第一卷時在現金五千七百十二圓五十錢

見樣紙入七百〇五圓

布屬秩還入③二千五百六十八圓七十五錢

白木秩還入一千三百五十三圓

白蔘秩還入九十圓

紬物秩還入二千五百〇七圓

生苧秩還入一百四十七圓

雜貨秩還入二百四十五圓

笠子秩入八十圓

網巾秩入三十八圓七十五錢

公用秩入四圓五十錢

信成號入會計利益金三百十五圓〇〇五厘

、皮物秩去前條十九圓

、利子秩還給④十三圓五十錢

、布屬秩去慶布六百疋〡一代六百六十圓

、同秩去北布五百疋〢代一千圓

、同秩去安東布一百五十疋〣代四百五十圓

、同秩去公春三千二百尺⑤〡三代六百三十圓

、紙物秩去見樣紙十五塊〆⑥代七百〇五圓

、白木秩去準木一千五百疋夂〢⑦代一千三百五十三圓

、白蔘秩去白蔘十㐅[8]代九十圓

紬物秩去色紬二百疋〣〥代七百圓

、同秩去鐵原紬一百疋〦代六百圓

、同秩去安亢羅一百疋合尺三千九百尺〢〤代九百三十六圓

、同秩去德亢羅十五疋合尺六百三十五尺〢〥代一百五十八圓七十五錢五厘

、同秩去眞絲五十斤〢〣代一百四十圓

、魚藿秩去機張藿六百束〤〦代二百七十六圓

、生苧秩去生苧五十疋㐅[9]代一百八十圓

、雜貨秩去雜貨各種代合三百圓

、笠子秩去笠子二十立〤代八十圓

、網巾秩去網巾五竹〦〦〥代三十八圓七十五錢

(二)

## 他給長冊[10]

(注意)本例는決算後이라도第十九章說明과如히本秩列書末端에圖圈을置훈次에 記入홈이一例이오又는第二他給長冊[11]을用ᄒ던지本第一餘白에別行으로記入함도 必要하니라

紙物秩入 見樣紙代金七百〇五圓

布屬秩入 二千五百六十八圓七十五錢

白木秩入 一千三百五十三圓

白蔘秩入 九十圓

紬物秩入 二千五百七圓

生苧秩入 一百四十七圓

雜貨秩入 二百四十五圓

笠子秩入 八十圓

網巾秩入 三十八圓七十五錢

公用秩入 四圓五十錢

信成號入 會計利益金三百十五圓〇〇五厘

(三)

## 外上長冊

(注意)本冊注意ᄂᆞᆫ第二他給長冊과一例이니라

利益秩去[12] 十三圓五十錢,又皮物利條十九圓

布屬秩去 慶布六百疋代六百六十圓,又北布五百疋代一千圓,又安東布一百五十疋代四百五十圓,又公春三千五百尺代六百三十圓

紙物秩去 見樣紙十五塊代七百〇五圓

白木秩去 準木一千五百疋代一千三百五十三圓

白蔘秩去 白蔘十斤代九十圓

紬物秩去 色紬二百疋代七百圓,又鐵原紬一百疋代六百圓,又安亢羅一百疋代九百三十六圓,又德亢羅十五疋代一百五十八圓七十五錢五厘,又眞絲五十斤代百四十圓

魚藿秩去 機張藿六百束代二百七十六圓

生苧秩去 生苧五十疋代一百八十圓

雜貨秩去 三百圓

笠子秩去 笠子二十五[13]立代八十圓

網巾秩去 網巾五竹三十八圓七十五錢[14]

**주석**

① 후록복부에 대해 윤근호 교수는 "후록 복부는 결산 및 장부의 마감과 갱신에 관련된 것으로, 후록은 결산과 장부를 마감하기 위한 기록이고, 복부는 마감 후에 개시기입을 하는 것"이라고 하였다(韓國會計史硏究, p.97). 윤근호 교수는 후록복부에 대해 정확히 정의를 내렸다. 연구자들이 후록복부에 있

는 '타급장책'의 기입 때문에 혼란을 일으키는 것 같다. 이 타급장책에 기입된 각 '질'은 마감전의 해당 '질(계정)'에 기입하여야 하는 것을 현병주는 타급장책을 신설하여 전기하였다. '入'이 따르는 질은 일반적으로 부채의 증가이나, 자산질의 入은 해당 자산의 감소 성격이므로 해당 질의 내(內) 다음에 기입하여 해당 질을 마감하는, 즉 마감기입과 관계되는 것이다. 여기의 '入'은 마감전의 해당 각 '秩(계정)'에 전기되어야 한다. '신성호入 315원5리'는 순이익(현대 부기에서는 손익계정을 설정하여, 손익계정에서 순이익을 산정하여 자본계정에 대체함)을 자본계정에 대체하는 절차의 기입이다.

② 일기 제2의 기입의 의미는 다음과 같다:

入의 기입은 첫째, 제22장 외상장책 중, 상품에 속한 질(계정)과 공용질을 마감하는 것이다. 둘째, 이익과 비용의 차액인 순이익을 자본계정에 대체하는 기입이다. 이 순이익의 계산과정은 제22장 결산장에서 나타내고 있다. 원문에서는 타급장책을 별도로 만들어 전기하고 있으나, 잘못된 처리이다. 入이라고 해서 모두 부채의 증가를 의미하는 것이 아니다. 여기서의 入은 상품관련 질(계정)과 공용질을 마감하고 기말재고를 이월하기 위한 기입이다. 즉 상품관련 질의 내(內) 다음에 기입하기 때문에 해당 질을 감소하는 의미가 있는데, 편의적으로 자산의 감소적인 성격이 있다고 해석해도 무방하다.

去의 기입은 첫째, 상품관련 질(계정)은 개시기입에 해당하는 것이고, 이익질去는 제19장 타급장책에 있는 이익질(원문은 이자질)을 마감하기 위한 기입이다.

그리고 재고자산인 상품관련 질은 개시기입을 위하여 별도의 외상장책을 만들었으나, 여타 봉차와 급차에 속하는 질(계정)은 개시기입을 하지 않고 원래의 타급장책과 외상장책의 각 질(계정)을 그대로 사용하였다. 이 경우도 권점의 사용에 일관성이 없다.

③ 여기의 還入은 入과 동일한 뜻이다.

④ 여기의 還給은 去와 동일한 뜻이다.

⑤ 三千二百尺이 아니고 三千五百尺이다.

⑥ 乂가 아니고 乂亠이다.

⑦ 夊〢이 아니고 夊十〢이다.

⑧ 十夊이 아니고 十斤夊이다.

⑨ 夊이 아니고 〣亠이다.

⑩ (二)他給長冊은 만들 필요가 없다. 이 타급장책의 각각의 질에 入(입)이 기입되었으나 이것은 부채의 발생의 성격이 아니다. 포속질入, 백목질入, 백삼질入, 주물질入, 기장곽질入(원문에서는 누락), 생저질入,잡화질入,입자질入 및 망건질入은 (주의)에서 설명한 것과 같이 제19장의 해당질의 內(내)자 다음에 기입하여야 한다. 제19장의 외상장책의 각 질의 內자 앞에는 도권(○) 표시가 있으나, 內자 다음에는 도권 표시가 없다. 이것은 복부(復簿)의 타급장책에 기입된 각 질을 기입하도록 하기 위해 도권 표시를 하지 않았다고 보아야 한다. 공용질入은 제19장의 공용질에 內를 기입하고 그 다음에 기입하면 된다. 신성호入은 당기순이익을 자본금계정 즉 신성호질에 기입하면 된다. 신성호라는 자본을 증가하는 것이기 때문에 內자가 필요 없다.

⑪ 第二他給長冊을 사용하여도 된다고 하면서 원문에 타급장책을 새로 신설한 것은 논리적으로 옳지 않다. 이 타급장책에 기입된 각 질들은 여기서 부채로 기입하고 있는데, 부채가 아니고 해당 질을 마감하기 위해, 해당 질의 차감으로 기입하여 해당 질의 去와 入의 합계가 동일하도록 처리하여야 한다.

⑫ 이익질去는 외상장책에 기입할 자산이 아니고 제19장 타급장책의 이자질(이익질인데 원문에 이자질로 표시)入을 차감하는 방식으로 기입되어야 한다.

⑬ 二十五가 아니고 二十이다.

⑭ 二十八圓七十五錢이 아니고 三十八圓七十五錢이다.

**번역**

### 제23장 후록과 복부의 예(삼칙)

이 장은 결산 후에 다시 기사의 성질에 따라 차례로 일기에 전기하고 여러 종류의 장책에 전서하여 복위(復位)하게 하는 예이다.

# 복 부 예

(1) 일기 제2

(주의) 일기책의 제작은 개성에서 백지 한 묶음(즉 20매)을 십자 모양으로 접어서 가로로 재단하여 묶으면 40매가 된다. 앞과 뒤의 표지 2매를 빼면 거래를 기록할 면수는 38면이다. 일기 제2를 사용하는 것은 결산을 마친 경우인데, 반드시 제2권을 사용하는 것은 아니다. 결산을 하지 않았을지라도 제1책에 여백이 없으면 제2책을 사용할 수 있다. 결산을 마친 후라도 제1권에 여백이 있을 경우 제1권에 계속 기입할 수 있다.

1916년 1월 19일
<u>제1권 시재현금 5,712원50전</u>

견양지入 705원
포속질入 2,568원75전
백목질入 1,353원
백삼질入 90원
주물질入 2,507원
기장곽질入 276원(원문 누락됨)
생저질入 147원
잡화질入 245원
갓질入 80원
망건질入 38원75전
공용질入 4원50전
신성호入 회계이익금 대체 315원5리
<u>入의 합계액 8,330원5리</u>

、피물질去 피물매매이익 19원
、이자질去 13원50전
、포속질去 경포 600필 @1원10전 대금 660원
　、동질去 북포 500필 @2원 대금 1,000원
　、동질去 안동포 150필 @3원 대금 450원

、동질去 공춘 3,500척 @18전 대금 630원

、지물질去 견양지 15묶음 @47원 대금 705원

、백목질去 준목 1,500필 @90전2리 대금 1,353원

、백삼질去 백삼 10근 @9원 대금 90원

주물질去 색주 200필 @3원50전 대금 700원

、동질去 철원주 100필 @6원 대금 600원

、동질去 안항라 100필 합척3,900척 @24전 대금 936원

、동질去 덕항라 15필 합척635척 @25전 대금 158원75전5리

、동질去 진사 50근 @2원80전 대금 140원

、기장곽질去 기정곽 600속 @46전 대금 276원

、생저질去 생저 50필 @3원60전 대금 180원

、잡화질去 잡화각종 대금 합 300원

、갓질去 갓 20개 @4원 대금 80원

、망건질去 망건 5개 @7원75전 대금 38원75전

<u>去의 합계액 8,330.005</u>

위의 入과 去의 대비표를 만들어 보면 다음 표와 같다.

| 入 | | 去 | |
|---|---|---|---|
| 지물질入 | 705원 | 지물질去 | 705원 |
| 포속질入 | 2,568원75전 | 포속질去 | 2,740원(매출이익 : 171원25전) |
| 백목질入 | 1,353원 | 백목질去 | 1,353원 |
| 백삼질入 | 90원 | 백삼질去 | 90원 |
| 주물질入 | 2,507원 | 주물질去 2,534원75전5리(매출이익 : 27원75전5리) | |
| 기장곽질入 | 276원(원문누락) | 기장곽질去 | 276원 |
| 생저질入 | 147원 | 생저질去 | 180원(매출이익 : 33원) |
| 잡화질入 | 245원 | 잡화질去 | 300원(매출이익 : 55원) |
| 갓질入 | 80원 | 갓질去 | 80원 |
| 망건질入 | 38원75전 | 망건질去 | 38원75전 |
| 공용질入 | 4원50전 | 피물이익질去 | 19원 |
| 신성호入 | 315원5리 | 이자질去 | 13원50전 |
| (入 합계 | 8,330원5리) | (去 합계 | 8,330원5리) |

※ 4원50전(공용질) + 315원5리(신성호) = 171원25전(포속질매출이익) + 27원75전5리(주물질 매출이익) + 33원(생저질매출이익) 55원(잡화질매출이익) + 19원(피물매출이익) + 13.50전(이자수익) 이들의 합계액은 319원50전5리로 일치한다. 현병주의 사개송도치부법에는 집합손익계정이 없다. 이들 질(계정)들은 집합손익계정과 같은 구실을 한다.

### (2) 타급장책

(주의) ※일기 제2 중에서 入(또는 환입)이 첨부된 질을 전기하는 데는 세 가지 방법이 있다. 첫째, 결산 후라도 제19장 설명과 같이 질(秩)자를 쓴 줄의 끝에 도권(○)을 표시한 다음에 기입하는 방법이다. 둘째, 이 책에서와 같이 제2타급장책을 사용하여 전기하는 방법이 있다. 셋째, 제19장 해당 질의 여백에 전기하는 방법이다.

※ 원문의 (주의)를 세 가지로 구분하여 설명하였다. 그런데 앞의 【주석】에서도 설명하였지만, 이 책에서 사용한 둘째 방법은 사용 불가능한 방법이다. 타급장책은 부채를 전기하는 장부인데, 여기의 각 질은 부채가 아니고 해당 질, 즉 자산 등의 질을 차감하는 형식으로 전기하여야 한다. 이것은 장책을 마감하기 위한 것이다. 잘못된 기입이지만 원문 그대로 번역하여 둔다.

지물질入 견양지 대금 705원

포속질入 2,568원75전

백목질入 1,353원

백삼질入 90원

주물질入 2,507원

기장곽질入 276원(원문 누락)

생저질入 147원

잡화질入 245원

갓질入 80원

망건질入 38원75전

공용질入 4원50전

신성호入 회계이익금 315원5리

### (3) 외상장책

(주의) ※이 책 주의는 제2타급장책과 같은 것이다.

※ 제3외상장책의 기입은 제2타급장책의 기입과 같은 것이 아니다. 제3외상장책의 기입에는 상품관련질(秩) 去와 이익질(秩) 去가 있는데, 상품관련 질(秩) 去는 전기이월액 즉 기초 잔액을 의미하고, 이익질(秩) 去는 제19장 타급장책의 이익질入(원문 이자질)을 상계(相計)하기 위한 것이다.

이익질去 13원50전, 피물매매이익 19원

포속질去 경포 600필 대금 660원, 북포 500필 대금 1,000원, 안동포 150필 대금 450원, 공춘 3,500척 대금 630원

지물질去 견양지 15묶음 대금 705원

백목질去 준목 1500필 대금 1,353원

백삼질去 백삼 10근 대금 90원

주물질去 색주 200필 대금 700원, 철원주 100필 대금 600원, 안항라 100필 대금 936원, 덕항라 15필 대금 158원75전5리, 진사 50근 대금 140원

어곽질去 기장곽 600속 대금 276원

생저질去 생저 50필 대금 180원

잡화질去 300원

갓질去 갓 20개 대금 80원

망건질去 망건 5개 38원75전

## 附 錄

### 掌記[①]例 二則

此ᄂᆞᆫ一部의去來를決算ᄒᆞᆫ者이니第十一章補助簿에屬ᄒᆞᆫ會計帳의係屬된者이라

附錄 掌 記

(一)

給次掌記

第一給次掌記의去座에記ᄒᆞᆫ兩行은本冊의無ᄒᆞᆫ者를增記ᄒᆞ야假定ᄒᆞᆷ

(計 主 印)

大正五年陰正月初六日方仁準會計(會計二字를或掌記라하ᄂᆞᆫ例도有ᄒᆞᆷ)

入 丙辰正月初一日任置金二千圓

又同月初六日申義植推次於音七千圓

合九千圓 內

去 丙辰正月初六日三千圓

又同日一百三十三圓二十三錢

合三千一百三十三圓二十三錢 除

實餘給次伍千捌百陸拾陸圓七拾七錢也(總計數字ᄂᆞᆫ具書②가元例니라)

(計 主 印)

計主 信成號 印

(此로餘白을制限ᄒᆞ나이라)

(二)

捧次掌記

(計 主 印)

大正五年正月十四日劉辛雄會計

去丙辰正月十四日慶布一百疋 | 一 8 代金一百十五圓③

又債給丙辰三月三十日捧次金一百五十圓

合二百六十五圓 內

入丙辰正月十四日現金五十七圓五十錢

五十七圓五十錢 計 除

實餘捧次貳百○七圓五十錢也

(計 主 印)

計主 信成號 印

**주석**

① 장기의 사전적 의미는 물건이나 논밭 등의 매매에 관한 물목을 적은 글발이라고 한다. 이 책에서의 장기는 사전적 의미의 장기가 아니고, 개성상인의 상업장부 중의 하나인 회계책(이 책의 회계책과는 차이가 있음)과 유사하다. 개성상인의 회계책은 세 가지 유형으로 분류할 수 있다. 첫째, 현병주의 『사개송도치부법』의 회계책인데, 이 회계책은 결산서와 같은 것이다. 둘째, 박영진가의 『각인회계책』인데, 개성상인의 상관습 중의 하나인 차인(差人)제도에 따른 도중(都中)회계이다. 차인제도에 의한 도중회계는 주인과 차인과의 거래에 대한 결산서이다. 차인제도에 의한 것이라면, 급차장기의 방인준은 차인이고 신성호는 주인이다. 봉차장기의 차인은 유신웅이고, 주인은 신성호이다. 차인제도에 의한 회계책이라고 단정하기에는 회계기간이 너무 짧다. 급차장기의 작성일은 1916년 1월 6일이고, 봉차장기의 작성일은 1916년 1월 14일이기 때문에 도중회계라고 말할 수 없다. 셋째, 대한천일은행의 회계책이다. 대한천일은행의 회계책은 특수관계자와의 거래 장부이다. 여기의 장기는 대한천일은행의 회계책과 유사하다고 할 수 있다.

② 구서는 글자 획을 안 빼고 갖추어 쓰는 것.

③ 봉차장기는 14일자의 거래를 가지고 작성한 장기이다. 제14일자의 거래는 경포 100필을 유신웅에게 150원으로 판매하고, 대금 중 절반은 외상, 절반은 현금으로 받다"의 거래이다. 이 거래의 기입은 다음과 같다:

布屬秩入丙辰正月十四一慶布一百疋〡一〥代金一百十五圓
劉辛雄去慶布一百疋〡一〥代金一百十五圓
又入上物價中先上金五十七圓五十錢上

위의 포속질入은 매출을 표시하는 것이지 채권이 아니다. 따라서 여기 표시해서는 안 된다. 원문에는 그대로 두되, 번역할 때는 오류를 수정하여 표시한다.

**번역**

## 부 록

### 장기예 2則

이것은 일부의 거래를 결산한 것이며, 제11장 보조부에 속한 회계장과 관계가 있다.

### (1) 급차장기

제일급차장기의 去의 부에 기입된 두 줄은 이 책에 없는 거래인데, 이러한 거래가 일어났다고 가정하고 추가한 것이다.

(계주 인)
**1916년 1월 6일 방인준회계**(회계의 두 글자를 장기라고 기입하는 경우도 있다)

入 1916년 1월 1일 임치금 2,000원

又동월 6일 신의식 받을어음 7,000원

**合 9,000원 內**

去 1916년 1월 6일 3,000원

又동일 133원23전

**合 3,133원23전 제**

**차액급차 5,866원77전**
(계주 인)

**계주 신성호 ㊞**

(여기부터 여백을 제한한다)

(2) 봉차장기

(계주 인)
**1916년 1월 14일 유신웅회계**

去 1916년 1월 14일 채급 3월 30일 봉차대금 150원

合 150원 內

入 1916년 1월 14일 현금 57원50전

**合 57원50전 제**

**차액봉차 57원50전**
(계주 인)

**계주 신성호 ㊞**

# 제2편 사개송도치부법의 서양부기체제로 전환

현병주의 사개송도치부법에 의한 기장을 서양부기체제로 전환하여 보면 다음과 같다. 서양식 부기에 의해 분개장, 총계정원장, 합계잔액시산표, 재무상태표 및 손익계산서를 작성하였다.

# 제1장 분개장

분개장 (1)

| 년월일 | 적요 | 원면 | 차변 | | 대변 | |
|---|---|---|---|---|---|---|
| 1916.1.1 | (현금) | 1 | 15,000 | | | |
| | (신성호) | 26 | | | 15,000 | |
| | 신성호로부터 자본 원입 | | | | | |
| 〃 〃 〃 | (제일은행) | 2 | 8,500 | | | |
| | (현금) | 1 | | | 8,500 | |
| | 제일은행에 당좌예금함 | | | | | |
| 〃 〃 〃 | (공용질) | 3 | 1 | 50 | | |
| | (현금) | 1 | | | 1 | 50 |
| | 노트 10부 매입 | | | | | |
| 〃 〃 〃 | (가사질) | 4 | 150 | | | |
| | (현금) | 1 | | | 150 | |
| | 본점 용지매입 | | | | | |
| 〃 〃 〃 | (가사질) | 4 | 30 | | | |
| | (현금) | 1 | | | 30 | |
| | 본점수리비 지급 | | | | | |
| 〃 〃 〃 | (현금) | 1 | 2,000 | | | |
| | (방인준) | 27 | | | 2,000 | |
| | 예수금(임치금)받다 | | | | | |
| 〃 〃 〃 | (신의식) | 5 | 50 | | | |
| | (현금) | 1 | | | 50 | |
| | 한양목 100필 대금 선급하다 | | | | | |
| 〃 〃 2 | (지물질) | 6 | 705 | | | |
| | (권예득) | 28 | | | 705 | |
| | 건양지 15뭉치 매입 | | | | | |
| 〃 〃 2 | (권예득) | 28 | 400 | | | |
| | (현금) | 1 | | | 400 | |
| | 외상매입금 지급 | | | | | |
| 〃 〃 2 | (권예득) | 28 | 305 | | | |
| | (어음질)[1] | 31 | | | 305 | |
| | 외상매입금에 대해 어음 발행 | | | | | |
| 〃 〃 3 | (포속질) | 7 | 770 | | | |
| | (심지원) | 29 | | | 770 | |
| | 경포 77필 외상 매입 | | | | | |
| | 차면으로 | | 27,911 | 50 | 27,911 | 50 |

1) 어음질은 지급어음이다. 현병주는 어음에 대한 채권이든 채무이든 어음질로 처리하고 있다. 지급어음 성격의 어음질은 타급장책, 받을어음 성격의 어음질은 외상장책에 전기하고 있다.

## 분개장 (2)

| 년월일 | 적 요 | 원면 | 차 변 | | 대 변 | |
|---|---|---|---|---|---|---|
| 1916.1.3 | 전면에서 | | 27,911 | 50 | 27,911 | 50 |
| 1916.1.4 | (백목질) | 8 | 1,350 | | | |
| | (백신명) | 30 | | | 1,350 | |
| | 준목 1,500필 외상 매입 | | | | | |
| 〃 〃 〃 | (백신명) | 8 | 1,350 | | | |
| | (제일은행) | 2 | | | 1,350 | |
| | 외상매입금에 대해 제일은행앞 수표발행 | | | | | |
| 〃 〃 〃 | (백목질) | 8 | 3 | | | |
| | (현금) | 1 | | | 3 | |
| | 준목 운반비 지급 | | | | | |
| 〃 〃 5 | (백삼질) | 9 | 90 | | | |
| | (현금) | 1 | | | 90 | |
| | 백삼 10근 매입 | | | | | |
| 〃 〃 6 | 제좌 | | | | | |
| | (주물질) | 10 | 4,000 | | | |
| | (포속질) | 7 | 3,000 | | | |
| | (이갑술) | 32 | | | 7,000 | |
| | 각종 주속과 포속 외상 매입 | | | | | |
| 〃 〃 〃 | (이갑술) | 32 | 7,000 | | | |
| | (방인준) | 27 | | | 7,000 | |
| | 방인준의 어음 빌려, 이갑술의 외상 갚음 | | | | | |
| 〃 〃 7 | (김을선) | 11 | 140 | | | |
| | (주물질) | 10 | | | 140 | |
| | 안주항라 20필 매출 | | | | | |
| 〃 〃 7 | (어음질)[2] | 12 | 140 | | | |
| | (김을선) | 11 | | | 140 | |
| | 1월 19일자 만기 어음 수령 | | | | | |
| 〃 〃 8 | (최병규) | 13 | 900 | | | |
| | (주물질) | 10 | | | 900 | |
| | 철원주 100필 외상 판매 | | | | | |
| 〃 〃 8 | (어음질)[3] | 12 | 900 | | | |
| | (최병규) | 13 | | | 900 | |
| | 1월 30일 만기 어음 수취 | | | | | |
| | (주물질) | 10 | 7 | | | |
| | (현금) | 1 | | | 7 | |
| | 철원주 판매 거간수수료 지급 | | | | | |
| 〃 〃 9 | (안정옥) | 14 | 280 | | | |
| | (주물질) | 10 | | | 280 | |
| | 진사 100근을 외상 판매 | | | | | |
| | 차면으로 | | 47,071 | 50 | 47,071 | 50 |

2) 어음질은 받을어음이다.

3) 어음질은 받을어음이다.

분개장 (3)

| 년월일 | 적 요 | 원면 | 차 변 | | 대 변 | |
|---|---|---|---|---|---|---|
| 1916.1.9 | 전면에서 | | 47,071 | 50 | 47,071 | 50 |
| 〃 〃 〃 | 제좌 | | | | | |
| | (기장곽질) | 15 | 273 | | | |
| | (현금) | 1 | 7 | | | |
| | (안정옥) | 14 | | | 280 | |
| | 기장곽 30척과 현금 받다 | | | | | |
| 〃 〃 〃 | (기장곽질) | 15 | 3 | | | |
| | (현금) | 1 | | | 3 | |
| | 운반비 지급 | | | | | |
| 〃 〃 10 | 제좌 | | | | | |
| | (주물질) | 10 | 1,140 | | | |
| | (정무경) | | 80 | | | |
| | (현금) | | | | 1,220 | |
| | 토산주 300필 매입, 염색위탁가공료 선급 | | | | | |
| 〃 〃 11 | (생저질) | 17 | 589 | | | |
| | (현금) | 1 | | | 589 | |
| | 한산모시 150필 매입 | | | | | |
| 〃 〃 〃 | (생저질) | 17 | 8 | | | |
| | (현금) | 1 | | | 8 | |
| | 거간수수료 8원 지급 | | | | | |
| 〃 〃 〃 | (생저질) | 17 | 20 | | | |
| | (생저질) | 17 | | | 20 | |
| | 표백 대금조 한산모시 5필 지급 | | | | | |
| 〃 〃 12 | (잡화질) | 18 | 550 | | | |
| | (포속질) | 7 | | | 550 | |
| | 안동포 100필 오방잡화와 교환 | | | | | |
| 〃 〃 〃 | (현금) | 31 | 305 | | | |
| | (잡화질) | 18 | | | 305 | |
| | 잡화 현금 판매 | | | | | |
| | (어음질) | | 305 | | | |
| | (현금) | | | | 305 | |
| | 어음채무 갚다 | | | | | |
| 〃 〃 13 | (송경수) | 19 | 180 | | | |
| | (포속질) | 7 | | | 180 | |
| | 북포 95필 외상 매출 기간 1개월 | | | | | |
| 〃 〃 〃 | (공용질) | 3 | 3 | | | |
| | (현금) | 1 | | | 3 | |
| | 냉면대 지급 | | | | | |
| 〃 〃 14 | (유신웅) | 20 | 115 | | | |
| | (포속질) | 7 | | | 115 | |
| | 경표 100필 판매하다 | | | | | |
| 〃 〃 〃 | (현금) | 1 | 57 | 50 | | |
| | (유신웅) | 20 | | | 57 | 50 |
| | 판매대금 받은 현금 받다 | | | | | |
| | 차면으로 | | 50,707 | | 50,707 | |

분개장 (4)

| 년월일 | 적요 | 원면 | 차변 | | 대변 | |
|---|---|---|---|---|---|---|
| 1916.1.15 | 전면에서 | | 50,707 | | 50,707 | |
| 〃 〃 〃 | (유신웅) | 20 | 150 | | | |
| | (현금) | 1 | | | 150 | |
| | 3월말 만기로 현금 대여함 | | | | | |
| 〃 〃 〃 | (현금) | 1 | 13 | 50 | | |
| | (이자질) | 33 | | | 13 | 50 |
| | 3개월분 이자 선수함 | | | | | |
| 〃 〃 16 | (백임주) | 21 | 1,400 | | | |
| | (주물질) | 10 | | | 1,400 | |
| | 토산색주 300필 판매 | | | | | |
| 〃 〃 〃 | (백임주) | 21 | 450 | | | |
| | (생저질) | 17 | | | 450 | |
| | 백모시 95필 판매 | | | | | |
| 〃 〃 〃 | (현금) | 1 | 1,850 | | | |
| | (백임주) | 21 | | | 1,850 | |
| | 매출채권 회수 | | | | | |
| 〃 〃 〃 | (신성호) | 26 | 400 | | | |
| | (현금) | 1 | | | 400 | |
| | 자본금(차입금) 환급 | | | | | |
| 〃 〃 〃 | (어음질)4) | 12 | 1,000 | | | |
| | (현금) | 1 | | | 1,000 | |
| | 백임주에게 현금대여하고 2월말 만기 어음수령 | | | | | |
| 〃 〃 17 | (홍계화) | 22 | 356 | 25 | | |
| | (포속질) | 7 | | | 356 | 25 |
| | 공춘 1,875척 판매 | | | | | |
| 〃 〃 〃 | 제좌 | | | | | |
| | (갓질) | 23 | 80 | | | |
| | (망건질) | 24 | 38 | 75 | | |
| | (홍계화) | 22 | | | 118 | 75 |
| | 공춘판매대금 중에서 갓 20개, 망건 5죽 수취 | | | | | |
| 〃 〃 〃 | (피물질) | 25 | 90 | | | |
| | (현금) | 1 | | | 90 | |
| | 산피, 적피, 삵피 30장 매입 | | | | | |
| 〃 〃 〃 | (현금) | 1 | 109 | | | |
| | (피물질) | 25 | | | 109 | |
| | 피3종 30장 판매 | | | | | |
| 〃 〃 18 | (현금) | 1 | 140 | | | |
| | (어음질)5) | 12 | | | 140 | |
| | 김을선발행 어음 현금 수취 | | | | | |
| 〃 〃 〃 | (심지원) | 29 | 770 | | | |
| | (현금) | 1 | | | 770 | |
| | 매입채무 갚다 | | | | | |
| | 차면으로 | | 57,554 | 50 | 57,554 | 50 |

분개장 (5)

| 년월일 | 적요 | | 원면 | 차변 | | 대변 | |
|---|---|---|---|---|---|---|---|
| 〃 〃 18 | 전면에서 | | | 57,554 | 50 | 57,554 | 50 |
| 〃 〃 〃 | (주물질) | | 10 | 80 | | | |
| | | (정무경) | 16 | | | 80 | |
| | 염색가공선급금 주물질로 대체 | | | | | | |
| | 합 | 계 | | 57,634 | 50 | 57,634 | 50 |
| | | | | | | | |
| 〃 〃 18 | (결산마감분개) | | | | | | |
| | | (손익) | 34 | | | 319 | 505 |
| | (포속질) | | 7 | 171 | 25 | | |
| | (주물질) | | 10 | 27 | 755 | | |
| | (생저질) | | 17 | 33 | | | |
| | (잡화질) | | 18 | 55 | | | |
| | (피물질) | | 25 | 19 | | | |
| | (이자질) | | 33 | 13 | 50 | | |
| | (손익) | | 34 | 4 | 50 | | |
| | | (공용질) | 3 | | | 4 | 50 |
| | (손익) | | 34 | 315 | 005 | | |
| | | (신성호) | 26 | | | 315 | 005 |
| | **합** | **계** | | **639** | **01** | **639** | **01** |

4) 어음질은 받을어음의 성격이다. 16일자 거래의 분개는 합리적인 것은 아니지만 모순은 없기 때문에 원문에 따랐다.

5) 받을어음의 감소이다.

분개장 (6)

| 년월일 | 적 요 | 원면 | 차 변 | | 대 변 | |
|---|---|---|---|---|---|---|
| 1916.1.18 | (마감분개)[6] | | | | | |
| | (잔액) | 35 | 23,915 | 005 | | |
| | (현금) | 1 | | | 5,712 | 50 |
| | (제일은행) | 2 | | | 7,150 | |
| | (가사질) | 4 | | | 180 | |
| | (신의식) | 5 | | | 50 | |
| | (지물질) | 6 | | | 705 | |
| | (포속질) | 7 | | | 2,740 | |
| | (백목질) | 8 | | | 1,353 | |
| | (백삼질) | 9 | | | 90 | |
| | (주물질) | 10 | | | 2,534 | 755 |
| | (받을어음) | 12 | | | 1,900 | |
| | (기장곽질) | 15 | | | 276 | |
| | (생저질) | 17 | | | 180 | |
| | (잡화질) | 18 | | | 300 | |
| | (송경수) | 19 | | | 180 | |
| | (유신웅) | 20 | | | 207 | 50 |
| | (홍계화) | 22 | | | 237 | 50 |
| | (갓질) | 23 | | | 80 | |
| | (망건질) | 24 | | | 38 | 75 |
| | (잔액) | 35 | | | 23,915 | 005 |
| | (신성호) | 26 | 14,915 | 005 | | |
| | (방인준) | 27 | 9,000 | | | |
| | 합 계 | | 47,830 | 01 | 47,830 | 01 |

6) 장부마감에는 영미식과 대륙식이 있다. 여기서는 대륙식 마감방법을 택했다. 현병주 원문의 第二十三章 **後錄復簿**의**例**(二)**他給長冊**의 기입은 잘못된 것이라고 '주석 10'에서 설명하였다. 이 잘못된 부분은 여기서 설명하는 대륙식 마감을 잘못 이해한 데서 기인하였다고 생각된다.

**분개장** (7)

| 년월일 | 적 요 | 원면 | 차 변 | | 대 변 | |
|---|---|---|---|---|---|---|
| 1916.1.19 | (개시분개) | | | | | |
| | (현금) | 1 | 5,712 | 50 | | |
| | (제일은행) | 2 | 7,150 | | | |
| | (가사질) | 4 | 180 | | | |
| | (신의식) | 5 | 50 | | | |
| | (지물질) | 6 | 705 | | | |
| | (포속질) | 7 | 2,740 | | | |
| | (백목질) | 8 | 1,353 | | | |
| | (백삼질) | 9 | 90 | | | |
| | (주물질) | 10 | 2,534 | 755 | | |
| | (어음질) | 12 | 1,900 | | | |
| | (기장곽질) | 15 | 276 | | | |
| | (생저질) | 17 | 180 | | | |
| | (잡화질) | 18 | 300 | | | |
| | (송경수) | 19 | 180 | | | |
| | (유신웅) | 20 | 207 | 50 | | |
| | (홍계화) | 22 | 237 | 50 | | |
| | (갓질) | 23 | 80 | | | |
| | (망건질) | 24 | 38 | 75 | | |
| | (잔액) | 36 | | | 23,915 | 005 |
| | (신성호) | 26 | | | 14,915 | 005 |
| | (방인준) | 27 | | | 9,000 | |
| | (잔액) | 36 | 23,915 | 005 | | |
| | 합 계 | | 47,830 | 01 | 47,830 | 01 |

# 제 2 장 총계정원장

**총계정원장**

**현 금** (1)

| 년월일 | 적 요 | 분면 | 금 액 | | 년월일 | 적 요 | 분면 | 금 액 | |
|---|---|---|---|---|---|---|---|---|---|
| 1916. 1. 1 | 신성호 | 1 | 15,000 | | 1916. 1. 1 | 제일은행 | 1 | 8,500 | |
| 〃 〃 〃 | 방인준 | 1 | 2,000 | | 〃 〃 1 | 공용질 | 1 | 1 | 50 |
| 〃 〃 9 | 안정옥 | 3 | 7 | | 〃 〃 〃 | 가사질 | 1 | 150 | |
| 〃 〃 12 | 잡화질 | 3 | 305 | | 〃 〃 〃 | 가사질 | 1 | 30 | |
| 〃 〃 14 | 유신웅 | 3 | 57 | 50 | 〃 〃 〃 | 신의식 | 1 | 50 | |
| 〃 〃 15 | 이자질 | 4 | 13 | 50 | 〃 〃 2 | 권예득 | 1 | 400 | |
| 〃 〃 16 | 백임주 | 4 | 1,850 | | 〃 〃 4 | 백목질 | 2 | 3 | |
| 〃 〃 17 | 피물질 | 4 | 109 | | 〃 〃 5 | 백삼질 | 2 | 90 | |
| 〃 〃 18 | 어음질 | 4 | 140 | | 〃 〃 6 | 주물질 | 2 | 7 | |
| | | | | | 〃 〃 9 | 기장곽질 | 3 | 3 | |
| | | | | | 〃 〃 10 | 제좌 | 3 | 1,220 | |
| | | | | | 〃 〃 11 | 생저질 | 3 | 589 | |
| | | | | | 〃 〃 11 | 생저질 | 3 | 8 | |
| | | | | | 〃 〃 12 | 어음질 | 3 | 305 | |
| | | | | | 〃 〃 13 | 공용질 | 3 | 3 | |
| | | | | | 〃 〃 15 | 유신웅 | 4 | 150 | |
| | | | | | 〃 〃 16 | 신성호 | 4 | 400 | |
| | | | | | 〃 〃 16 | 어음질 | 4 | 1,000 | |
| | | | | | 〃 〃 17 | 피물질 | 4 | 90 | |
| | | | | | 〃 〃 18 | 심지원 | 4 | 770 | |
| | | | | | | **잔 액** | | 5,712 | 50 |
| | 합 계 | | 19,482 | | | 합 계 | | 19,482 | |
| 1916. 1. 19 | **잔 액** | | 5,712 | 50 | | | | | |

**제일은행** (2)

| 년월일 | 적 요 | 분면 | 금 액 | | 년월일 | 적 요 | 분면 | 금 액 | |
|---|---|---|---|---|---|---|---|---|---|
| 1916. 1. 1 | 현 금 | 1 | 8,500 | | 1916. 1. 1 | 백목질 | 2 | 1,350 | |
| | | | | | | 잔 액 | | 7,150 | |
| | 합 계 | | 8,500 | | | 합 계 | | 8,500 | |
| 1916. 1. 19 | 잔 액 | | 7,150 | | | | | | |

**공용질** (3)

| 년월일 | 적 요 | 분면 | 금 액 | | 년월일 | 적 요 | 분면 | 금 액 | |
|---|---|---|---|---|---|---|---|---|---|
| 1916. 1. 1 | 현 금 | 1 | 1 | 50 | 1916. 1. 18 | 손 익 | | 4 | 50 |
| 〃 〃 13 | 현 금 | 3 | 3 | | | | | | |
| | 합 계 | | 4 | 50 | | 합 계 | | 4 | 50 |

**가사질** (4)

| 년월일 | 적 요 | 분면 | 금 액 | | 년월일 | 적 요 | 분면 | 금 액 | |
|---|---|---|---|---|---|---|---|---|---|
| 1916. 1. 1 | 현 금 | 1 | 150 | | 1916. 1. 18 | 잔 액 | | 180 | |
| 〃 〃 〃 | 현 금 | 1 | 30 | | | | | | |
| | 합 계 | | 180 | | | 합 계 | | 180 | |
| 1916. 1. 19 | 잔 액 | | 180 | | | | | | |

**신의식** (5)

| 년월일 | 적 요 | 분면 | 금 액 | | 년월일 | 적 요 | 분면 | 금 액 | |
|---|---|---|---|---|---|---|---|---|---|
| 1916. 1. 1 | 현 금 | 1 | 50 | | 1916. 1. 18 | 잔 액 | | 50 | |
| 1916. 1. 19 | 잔 액 | | 50 | | | | | | |

**지물질** (6)

| 년월일 | 적 요 | 분면 | 금 액 | | 년월일 | 적 요 | 분면 | 금 액 | |
|---|---|---|---|---|---|---|---|---|---|
| 1916. 1. 2 | 권예득 | 1 | 705 | | 1916. 1. 18 | 잔 액 | | 705 | |
| 1916. 1. 19 | 잔 액 | | 705 | | | | | | |

## 포속질 (7)

| 년월일 | 적 요 | 분면 | 금 액 | | 년월일 | 적 요 | 분면 | 금 액 | |
|---|---|---|---|---|---|---|---|---|---|
| 1916. 1. 3 | 심지원 | 1 | 770 | | 1916. 1. 12 | 잡화질 | 3 | 550 | |
| 1916. 1. 6 | 이갑술 | 2 | 3,000 | | 〃 〃 13 | 송경수 | 3 | 180 | |
| 1916. 1. 18 | 손 익 | 6 | 171 | 25 | 〃 〃 14 | 유신웅 | 3 | 115 | |
| | | | | | 〃 〃 17 | 홍계화 | 4 | 356 | 25 |
| | | | | | 〃 〃 18 | **잔 액** | 6 | 2,740 | |
| | 합 계 | | 3,941 | 25 | | | | 3,941 | 25 |
| 1916. 1. 19 | **잔 액** | | 2,740 | | | | | | |

## 백목질 (8)

| 년월일 | 적 요 | 분면 | 금 액 | | 년월일 | 적 요 | 분면 | 금 액 | |
|---|---|---|---|---|---|---|---|---|---|
| 1916. 1. 4 | 백신명 | 2 | 1,350 | | 1916. 1. 18 | **잔 액** | 6 | 1,353 | |
| 〃 〃 〃 | 현 금 | 2 | 3 | | | | | | |
| | 합 계 | | 1,353 | | | 합 계 | | 1,353 | |
| 1916. 1. 19 | **잔 액** | | 1,353 | | | | | | |

## 백삼질 (9)

| 년월일 | 적 요 | 분면 | 금 액 | | 년월일 | 적 요 | 분면 | 금 액 | |
|---|---|---|---|---|---|---|---|---|---|
| 〃 〃 5 | 현 금 | 2 | 90 | | 1916. 1. 18 | **잔 액** | | 90 | |
| 1916. 1. 19 | **잔 액** | | 90 | | | | | | |

## 주물질 (10)

| 년월일 | 적 요 | 분면 | 금 액 | | 년월일 | 적 요 | 분면 | 금 액 | |
|---|---|---|---|---|---|---|---|---|---|
| 1916. 1. 6 | 이갑술 | 2 | 4,000 | | 1916. 1. 7 | 김을선 | 2 | 140 | |
| 〃 〃 8 | 현 금 | 3 | 7 | | 〃 〃 8 | 최병규 | 2 | 900 | |
| 〃 〃 10 | 현 금 | 3 | 1,140 | | 〃 〃 9 | 안정옥 | 2 | 280 | |
| 1916. 1. 18 | 정무경 | 5 | 80 | | 〃 〃 16 | 백임주 | 4 | 1,400 | |
| 〃 〃 〃 | 손 익 | | 27 | 755 | 〃 〃 18 | **잔 액** | 6 | 2,534 | 755 |
| | 합 계 | | 5,254 | 755 | | 합 계 | | 5,254 | 755 |
| 1916. 1. 19 | **잔 액** | | 2,534 | 755 | | | | | |

**김을선** (11)

| 년월일 | 적 요 | 분면 | 금 액 | 년월일 | 적 요 | 분면 | 금 액 |
|---|---|---|---|---|---|---|---|
| 1916. 1. 7 | 주물질 | 2 | 140 | 1916. 1. 7 | 어음질 | 2 | 140 |
| | | | | | | | |

**어음질** (12)

| 년월일 | 적 요 | 분면 | 금 액 | 년월일 | 적 요 | 분면 | 금 액 |
|---|---|---|---|---|---|---|---|
| 1916. 1. 7 | 김을선 | 2 | 140 | 1916. 1. 18 | 현 금 | 4 | 140 |
| 〃 〃 8 | 최병규 | 2 | 900 | 〃 〃 〃 | 잔 액 | 6 | 1,900 |
| 〃 〃 16 | 현 금 | 4 | 1,000 | | | | |
| | 합 계 | | 2,040 | | 합 계 | | 2,040 |
| 1916. 1. 19 | 잔 액 | | 1,900 | | | | |
| | | | | | | | |

**최병규** (13)

| 년월일 | 적 요 | 분면 | 금 액 | 년월일 | 적 요 | 분면 | 금 액 |
|---|---|---|---|---|---|---|---|
| 1916. 1. 8 | 주물질 | 2 | 900 | 1916. 1. 8 | 어음질 | 2 | 900 |
| | | | | | | | |

**안정옥** (14)

| 년월일 | 적 요 | 분면 | 금 액 | 년월일 | 적 요 | 분면 | 금 액 |
|---|---|---|---|---|---|---|---|
| 1916. 1. 9 | 주물질 | 2 | 280 | 1916. 1. 9 | 제 좌 | 3 | 280 |
| | | | | | | | |

**기장곽질** (15)

| 년월일 | 적 요 | 분면 | 금 액 | 년월일 | 적 요 | 분면 | 금 액 |
|---|---|---|---|---|---|---|---|
| 1916. 1. 9 | 안정옥 | 2 | 273 | 1916. 1. 18 | 잔 액 | 6 | 276 |
| 〃 〃 〃 | 현 금 | 3 | 3 | | | | |
| | 합 계 | | 276 | | 합 계 | | 276 |
| 1916. 1. 19 | 잔 액 | | 276 | | | | |
| | | | | | | | |

## 정무경 (16)

| 년월일 | 적 요 | 분면 | 금 액 | | 년월일 | 적 요 | 분면 | 금 액 | |
|---|---|---|---|---|---|---|---|---|---|
| 〃 〃 10 | 현 금 | 3 | 80 | | 1916. 1. 18 | 주물질 | 5 | 80 | |
| | | | | | | | | | |

## 생저질 (17)

| 년월일 | 적 요 | 분면 | 금 액 | | 년월일 | 적 요 | 분면 | 금 액 | |
|---|---|---|---|---|---|---|---|---|---|
| 1916. 1. 11 | 현 금 | 3 | 589 | | 1916. 1. 11 | 생저질 | 3 | 20 | |
| 〃 〃 〃 | 현 금 | 3 | 8 | | 〃 〃 16 | 백임주 | 4 | 450 | |
| 〃 〃 〃 | 생저질 | 3 | 20 | | 〃 〃 18 | 잔 액 | 6 | 180 | |
| 〃 〃 18 | 손 익 | 6 | 33 | | | | | | |
| | 합 계 | | 650 | | | 합 계 | | 650 | |
| 1916. 1. 19 | 잔 액 | | 180 | | | | | | |

## 잡화질 (18)

| 년월일 | 적 요 | 분면 | 금 액 | | 년월일 | 적 요 | 분면 | 금 액 | |
|---|---|---|---|---|---|---|---|---|---|
| 1916. 1. 12 | 포속질 | 3 | 550 | | 1916. 1. 12 | 현 금 | 3 | 305 | |
| 〃 〃 18 | 손 익 | 6 | 55 | | 〃 〃 18 | 잔 액 | 6 | 300 | |
| | 합 계 | | 605 | | | 합 계 | | 605 | |
| 1916. 1. 19 | 잔 액 | | 300 | | | | | | |

## 송경수 (19)

| 년월일 | 적 요 | 분면 | 금 액 | | 년월일 | 적 요 | 분면 | 금 액 | |
|---|---|---|---|---|---|---|---|---|---|
| 1916. 1. 13 | 포속질 | 3 | 180 | | 1916. 1. 18 | 잔 액 | 6 | 180 | |
| 1916. 1. 19 | 잔 액 | | 180 | | | | | | |
| | | | | | | | | | |

## 유신웅 (20)

| 년월일 | 적 요 | 분면 | 금 액 | | 년월일 | 적 요 | 분면 | 금 액 | |
|---|---|---|---|---|---|---|---|---|---|
| 1916. 1. 14 | 포속질 | 3 | 115 | | 1916. 1. 14 | 현 금 | 3 | 57 | 50 |
| 〃 〃 15 | 현 금 | 4 | 150 | | 〃 〃 18 | 잔 액 | 6 | 207 | 50 |
| | 합 계 | | 265 | | | 합 계 | | 265 | |
| 1916. 1. 19 | 잔 액 | | 207 | 50 | | | | | |
| | | | | | | | | | |

**백임주** (21)

| 년월일 | 적 요 | 분면 | 금 액 | | 년월일 | 적 요 | 분면 | 금 액 | |
|---|---|---|---|---|---|---|---|---|---|
| 1916. 1. 16 | 주물질 | 4 | 1400 | | 1916. 1. 16 | 현 금 | 4 | 1,850 | |
| 〃 〃 〃 | 생저질 | 4 | 450 | | | | | | |
| | 합 계 | | 1,850 | | | 합 계 | | 1,850 | |
| | | | | | | | | | |

**홍계화** (22)

| 년월일 | 적 요 | 분면 | 금 액 | | 년월일 | 적 요 | 분면 | 금 액 | |
|---|---|---|---|---|---|---|---|---|---|
| 1916. 1. 17 | 포속질 | 4 | 356 | 25 | 1916. 1. 17 | 제 좌 | 4 | 118 | 75 |
| | | | | | 〃 〃 18 | **잔 액** | 6 | 237 | 50 |
| | 합 계 | | 356 | 25 | | 합 계 | | 356 | 25 |
| 1916. 1. 19 | **잔 액** | | 237 | 50 | | | | | |
| | | | | | | | | | |

**갓 질** (23)

| 년월일 | 적 요 | 분면 | 금 액 | | 년월일 | 적 요 | 분면 | 금 액 | |
|---|---|---|---|---|---|---|---|---|---|
| 1916. 1. 17 | 홍계화 | 4 | 80 | | 1916. 1. 18 | **잔 액** | 6 | 80 | |
| 1916. 1. 19 | **잔 액** | | 80 | | | | | | |
| | | | | | | | | | |

**망건질** (24)

| 년월일 | 적 요 | 분면 | 금 액 | | 년월일 | 적 요 | 분면 | 금 액 | |
|---|---|---|---|---|---|---|---|---|---|
| 1916. 1. 17 | 홍계화 | 4 | 38 | 75 | 1916. 1. 18 | **잔 액** | 6 | 38 | 75 |
| 1916. 1. 19 | **잔 액** | | 38 | 75 | | | | | |
| | | | | | | | | | |

**피물질** (25)

| 년월일 | 적 요 | 분면 | 금 액 | | 년월일 | 적 요 | 분면 | 금 액 | |
|---|---|---|---|---|---|---|---|---|---|
| 1916. 1. 17 | 현 금 | 4 | 90 | | 1916. 1. 17 | 현 금 | 5 | 109 | |
| 〃 〃 18 | **손 익** | 6 | 19 | | | | | | |
| | 합 계 | | 109 | | | 합 계 | | 109 | |
| | | | | | | | | | |

## 신성호 (26)

| 년월일 | 적 요 | 분면 | 금 액 | | 년월일 | 적 요 | 분면 | 금 액 | |
|---|---|---|---|---|---|---|---|---|---|
| 1916. 1. 16 | 현 금 | 4 | 400 | | 1916. 1. 1 | 현 금 | 1 | 15,000 | |
| 1916. 1. 18 | 잔 액 | 6 | 14,915 | 005 | 〃 〃 18 | 손 익 | 6 | 315 | 005 |
| | 합 계 | | 15,315 | 005 | | 합 계 | | 15,315 | 005 |
| | | | | | 1916. 1. 19 | 잔 액 | | 14,915 | 005 |
| | | | | | | | | | |

## 방인준 (27)

| 년월일 | 적 요 | 분면 | 금 액 | | 년월일 | 적 요 | 분면 | 금 액 | |
|---|---|---|---|---|---|---|---|---|---|
| 1916. 1. 18 | 잔 액 | 6 | 9,000 | | 1916. 1. 1 | 현 금 | 1 | 2,000 | |
| | | | | | 〃 〃 6 | 이갑술 | 2 | 7,000 | |
| | 합 계 | | 9,000 | | | 합 계 | | 9,000 | |
| | | | | | 1916. 1. 19 | 잔 액 | | 9,000 | |
| | | | | | | | | | |

## 권예득 (28)

| 년월일 | 적 요 | 분면 | 금 액 | | 년월일 | 적 요 | 분면 | 금 액 | |
|---|---|---|---|---|---|---|---|---|---|
| 1916. 1. 2 | 현 금 | 1 | 400 | | 1916. 1. 2 | 지물질 | 1 | 705 | |
| 〃 〃 〃 | 어음질 | 1 | 305 | | | | | | |
| | 합 계 | | 705 | | | 합 계 | | 705 | |
| | | | | | | | | | |

## 심지원 (29)

| 년월일 | 적 요 | 분면 | 금 액 | | 년월일 | 적 요 | 분면 | 금 액 | |
|---|---|---|---|---|---|---|---|---|---|
| 1916. 1. 18 | 현 금 | 4 | 770 | | 1916. 1. 3 | 포속질 | 1 | 770 | |
| | | | | | | | | | |

## 백신명 (30)

| 년월일 | 적 요 | 분면 | 금 액 | | 년월일 | 적 요 | 분면 | 금 액 | |
|---|---|---|---|---|---|---|---|---|---|
| 1916. 1. 4 | 제일은행 | 2 | 1,350 | | 1916. 1. 4 | 백목질 | 2 | 1,350 | |
| | | | | | | | | | |

## 어음질 (31)

| 년월일 | 적 요 | 분면 | 금 액 | | 년월일 | 적 요 | 분면 | 금 액 | |
|---|---|---|---|---|---|---|---|---|---|
| 1916. 1. 12 | 현 금 | 3 | 305 | | 1916. 1. 2 | 권예득 | 1 | 305 | |
| | | | | | | | | | |

## 이갑술 (32)

| 년월일 | 적 요 | 분면 | 금 액 | | 년월일 | 적 요 | 분면 | 금 액 | |
|---|---|---|---|---|---|---|---|---|---|
| 1916. 1. 6 | 방인준 | 2 | 7,000 | | 1916. 1. 6 | 제 좌 | 2 | 7,000 | |
| | | | | | | | | | |

## 이자질 (33)

| 년월일 | 적 요 | 분면 | 금 액 | | 년월일 | 적 요 | 분면 | 금 액 | |
|---|---|---|---|---|---|---|---|---|---|
| 1916. 1. 18 | 손 익 | | 13 | 50 | 1916. 1. 15 | 현 금 | 4 | 13 | 50 |
| | | | | | | | | | |

## (집합)손익 (34)

| 년월일 | 적 요 | 분면 | 금 액 | | 년월일 | 적 요 | 분면 | 금 액 | |
|---|---|---|---|---|---|---|---|---|---|
| 1916. 1. 18 | 공용질 | 5 | 4 | 50 | 1916. 1. 18 | 포속질이익 | 5 | 171 | 25 |
| 〃 | 신성호(순이익) | 〃 | 315 | 005 | 〃 | 주물질이익 | 〃 | 27 | 755 |
| | | | | | 〃 | 생저질이익 | 〃 | 33 | |
| | | | | | 〃 | 잡화질이익 | 〃 | 55 | |
| | | | | | 〃 | 피물질이익 | 〃 | 19 | |
| | | | | | 〃 | 이자질 | 〃 | 13 | 50 |
| | 합 계 | | 319 | 505 | | 합 계 | | 319 | 505 |
| | | | | | | | | | |

**잔 액** (35)

| 년월일 | 적 요 | 분면 | 금 액 | | 년월일 | 적 요 | 분면 | 금 액 | |
|---|---|---|---|---|---|---|---|---|---|
| 1916. 1. 18 | 현 금 | 6 | 5,712 | 50 | 1916. 1. 18 | 신성호 | 6 | 14,915 | 005 |
| 〃 | 제일은행 | 〃 | 7,150 | | 〃 | 방인준 | 〃 | 9,000 | |
| 〃 | 가사질 | 〃 | 180 | | | | | | |
| 〃 | 신의식 | 〃 | 50 | | | | | | |
| 〃 | 지물질 | 〃 | 705 | | | | | | |
| 〃 | 포속질 | 〃 | 2,740 | | | | | | |
| 〃 | 백목질 | 〃 | 1,353 | | | | | | |
| 〃 | 백삼질 | 〃 | 90 | | | | | | |
| 〃 | 주물질 | 〃 | 2,534 | 755 | | | | | |
| 〃 | 받을어음 | 〃 | 1,900 | | | | | | |
| 〃 | 기장곽질 | 〃 | 276 | | | | | | |
| 〃 | 생저질 | 〃 | 180 | | | | | | |
| 〃 | 잡화질 | 〃 | 300 | | | | | | |
| 〃 | 송경수 | 〃 | 180 | | | | | | |
| 〃 | 유신웅 | 〃 | 207 | 50 | | | | | |
| 〃 | 홍계화 | 〃 | 237 | 50 | | | | | |
| 〃 | 갓 질 | 〃 | 80 | | | | | | |
| 〃 | 망건질 | 〃 | 38 | 75 | | | | | |
| | **합 계** | | **23,915** | **005** | | **합 계** | | **23,915** | **005** |

## 잔 액 (36)

| 년월일 | 적 요 | 분면 | 금 액 | | 년월일 | 적 요 | 분면 | 금 액 | |
|---|---|---|---|---|---|---|---|---|---|
| 1916. 1. 19 | 신성호 | 7 | 14,915 | 005 | 1916. 1. 19 | 현 금 | 7 | 5,712 | 50 |
| 〃 | 방인준 | 7 | 9,000 | | 〃 | 제일은행 | 〃 | 7,150 | |
| | | | | | 〃 | 가사질 | 〃 | 180 | |
| | | | | | 〃 | 신의식 | 〃 | 50 | |
| | | | | | 〃 | 지물질 | 〃 | 705 | |
| | | | | | 〃 | 포속질 | 〃 | 2,740 | |
| | | | | | 〃 | 백목질 | 〃 | 1,353 | |
| | | | | | 〃 | 배삼질 | 〃 | 90 | |
| | | | | | 〃 | 주물질 | 〃 | 2,534 | 755 |
| | | | | | 〃 | 받을어음 | 〃 | 1,900 | |
| | | | | | 〃 | 기장곽질 | 〃 | 276 | |
| | | | | | 〃 | 생저질 | 〃 | 180 | |
| | | | | | 〃 | 잡화질 | 〃 | 300 | |
| | | | | | 〃 | 송경수 | 〃 | 180 | |
| | | | | | 〃 | 유신웅 | 〃 | 207 | 50 |
| | | | | | 〃 | 홍계화 | 〃 | 237 | 50 |
| | | | | | 〃 | 갓 질 | 〃 | 80 | |
| | | | | | 〃 | 망건질 | 〃 | 38 | 75 |
| | **합 계** | | **23,915** | **005** | | **합 계** | | **23,915** | **005** |

# 제 3 장 합계잔액시산표

**합계잔액시산표**

신성호 1916년 1월 18일 현재 (단위: 원)

| 차 변 | | | | 원면 | 계정과목 | 대 변 | | | |
|---|---|---|---|---|---|---|---|---|---|
| 잔 액 | | 합 계 | | | | 합 계 | | 잔 액 | |
| 5,712 | 50 | 19,482 | | 1 | 현 금 | 13,769 | 50 | | |
| 7,150 | | 8,500 | | 2 | 제일은행 | 1,350 | | | |
| 4 | 50 | 4 | 50 | 3 | 공 용 질 | | | | |
| 180 | | 180 | | 4 | 가 사 질 | | | | |
| 50 | | 50 | | 5 | 신 의 식 | | | | |
| 705 | | 705 | | 6 | 지 물 질 | | | | |
| 2,568 | 75 | 3,770 | | 7 | 포 속 질 | 1,201 | 25 | | |
| 1,353 | | 1,353 | | 8 | 백 목 질 | | | | |
| 90 | | 90 | | 9 | 백 삼 질 | | | | |
| 2,507 | | 5,227 | | 10 | 주 물 질 | 2,720 | | | |
| | | 140 | | 11 | 김 을 선 | 140 | | | |
| 1,900 | | 2,040 | | 12 | 어음질(채권) | 140 | | | |
| | | 900 | | 13 | 최 병 규 | 900 | | | |
| | | 280 | | 14 | 안 정 옥 | 280 | | | |
| 276 | | 276 | | 15 | 기장곽질 | | | | |
| | | 80 | | 16 | 정 무 경 | 80 | | | |
| 147 | | 617 | | 17 | 생 저 질 | 470 | | | |
| 245 | | 550 | | 18 | 잡 화 질 | 305 | | | |
| 180 | | 180 | | 19 | 송 경 수 | | | | |
| 207 | 50 | 265 | | 20 | 유 신 웅 | 57 | 50 | | |
| | | 1,850 | | 21 | 백 임 주 | 1,850 | | | |
| 237 | 50 | 356 | 25 | 22 | 홍 계 화 | 118 | 75 | | |
| 80 | | 80 | | 23 | 갓 질 | | | | |
| 38 | 75 | 38 | 75 | 24 | 망 건 질 | | | | |
| | | 90 | | 25 | 피 물 질 | 109 | | 19 | |
| | | 400 | | 26 | 신 성 호 | 15,000 | | 14,600 | |
| | | | | 27 | 방 인 준 | 9,000 | | 9,000 | |
| | | 705 | | 28 | 권 예 득 | 705 | | | |
| | | 770 | | 29 | 심 지 원 | 770 | | | |
| | | 1,350 | | 30 | 백 신 명 | 1,350 | | | |
| | | 305 | | 31 | 어음질(채무) | 305 | | | |
| | | 7,000 | | 32 | 이 갑 술 | 7,000 | | | |
| | | | | 33 | 이 자 질 | 13 | 50 | 13 | 50 |
| 23,632 | 50 | 57,634 | 50 | | 합 계 | 57,634 | 50 | 23,632 | 50 |

※ 재고자산의 매매이익의 계산은 전술한 바 있으나 이를 현대식으로 정리하면 피물질은 분기법으로 정리를 한 것이다. 즉, 분기법이란 상품매매가 이루어질 때마다 매매이익을 계산하는 상품계정 정리방법으로 귀금속이나 골동품 등과 같이 매매수량이 적고 매입원가를 파악이 용이한 매매업에 적합한 방법이나 이 방법은 총액주의에 어긋나기 때문에 오늘날은 사용하지 않는 방법이다. 그리고 포속질 등은 총기법으로 정리를 한 것이다. 총기법이란 상품계정을 매출계정, 매입계정, 재고자산계정으로 분할하지 않고 상품계정에 매입응 차변에 기입하고 매출을 대변에 기입하는 방법으로 상품계정이 혼합계정으로 기입되어 그 잔액은 의미 없는 숫자이다. 이 계정에 기말재고금액을 기입하여 상품매매손익을 계산하는 방법이다. 그러므로 합계잔액시산표에 나타나는 재고자산계정잔액(예컨대 포속질 잔액 2,568.75)은 매입과 매출 및 재고자산이 섞여서 나타난 잔액이므로 아무런 의미가 없는 숫자이다. 재고자산에 대한 계정기입을 나타내면 다음과 같다.

**포속질**

| 년월일 | 적 요 | 금 액 | | 년월일 | 적 요 | 금 액 | |
|---|---|---|---|---|---|---|---|
| 1916.01.01 | 기초재고자산 | 0 | 000 | 기 중 | 매 출 | 1,201 | 250 |
| 기 중 | 매 입 | 3,770 | 000 | 1916.01.18 | 차기이월 | 2,740 | 000 |
| 1916.01.18 | 매출이익 | 171 | 250 | | | | |
| | | 3,941 | 250 | | | 3,941 | 250 |
| 1916.01.19 | 전기이월 | 2,740 | 000 | | | | |

**주물질**

| 년월일 | 적 요 | 금 액 | | 년월일 | 적 요 | 금 액 | |
|---|---|---|---|---|---|---|---|
| 1916.01.01 | 기초재고자산 | 0 | 000 | 기 중 | 매 출 | 2,720 | 000 |
| 기 중 | 매 입 | 5,227 | 000 | 1916.01.18 | 차기이월 | 2,534 | 755 |
| 1916.01.18 | 매출이익 | 27 | 755 | | | | |
| | | 5,254 | 755 | | | 5,254 | 755 |
| 1916.01.19 | 전기이월 | 2,534 | 755 | | | | |

## 생저질

| 년월일 | 적 요 | 금 액 | | 년월일 | 적 요 | 금 액 | |
|---|---|---|---|---|---|---|---|
| 1916.01.01 | 기초재고자산 | 0 | 000 | 기 중 | 매 출 | 470 | 000 |
| 기 중 | 매 입 | 617 | 000 | 1916.01.18 | 차기이월 | 180 | 000 |
| 1916.01.18 | 매출이익 | 33 | 000 | | | | |
| | | 650 | 000 | | | 650 | 000 |
| 1916.01.19 | 전기이월 | 180 | 000 | | | | |

## 잡화질

| 년월일 | 적 요 | 금 액 | | 년월일 | 적 요 | 금 액 | |
|---|---|---|---|---|---|---|---|
| 1916.01.01 | 기초재고자산 | 0 | 000 | 기 중 | 매 출 | 305 | 000 |
| 기 중 | 매 입 | 550 | 000 | 1916.01.18 | 차기이월 | 300 | 000 |
| 1916.01.18 | 매출이익 | 55 | 000 | | | | |
| | | 605 | 000 | | | 605 | 000 |
| 1916.01.19 | 전기이월 | 300 | 000 | | | | |

## 피물질

| 년월일 | 적 요 | 금 액 | | 년월일 | 적 요 | 금 액 | |
|---|---|---|---|---|---|---|---|
| 1916.01.01 | 기초재고자산 | 0 | 000 | 기 중 | 매 출 | 109 | 000 |
| 기 중 | 매 입 | 90 | 000 | 1916.01.18 | 차기이월 | 0 | 000 |
| 1916.01.18 | 매출이익 | 19 | 000 | | | | |
| | | 109 | 000 | | | 109 | 000 |
| 1916.01.19 | 전기이월 | 0 | 000 | | | | |

## 제 4 장 재무상태표와 손익계산서

### (1) 재무상태표

**재무상태표**

신성호 1916년 01월 18일 현재 (단위: 원)

| 자 산 | | | 부 채 와 자 본 | | |
|---|---|---|---|---|---|
| 현 금 | 5,712 | 50 | 차 입 금 | 7,000 | |
| 당 좌 예 금 | 7,150 | | 예 수 금 | 2,000 | |
| 외 상 매 출 금 | 675 | | 자 본 금 | 14,600 | |
| 받 을 어 음 | 1,900 | | 순 이 익 | 315 | 005 |
| 재 고 자 산 | 8,297 | 505 | | | |
| 토 지 | 150 | | | | |
| 건 물 | 30 | | | | |
| **자 산 총 계** | **23,915** | **005** | **부 채 와 자 본 총 계** | **23,915** | **005** |

### (2) 손익계산서

**손익계산서**

신성호 1916년 01월 01일 - 01월 18일 (단위: 원)

| | 생지질 | 포속질 | 주물질 | 잡화질 | 피물질 | 합 계 |
|---|---|---|---|---|---|---|
| 매 출 액 | 470.000 | 1,201.250 | 2,720.000 | 305.000 | 109.000 | 4,805.250 |
| 매 출 원 가 | | | | | | |
| 기초재고자산 | 0.000 | 0.000 | 0.000 | 0.000 | 0.000 | 0.000 |
| 당기매입액 | 617.000 | 3,770.000 | 5,227.000 | 550.000 | 90.000 | 10,164.000 |
| 기말재고자산 | 180.000 | 2,740.000 | 2,534.755 | 300.000 | 0 | 5,754.755 |
| 매출원가 | 437.000 | 1,030.000 | 2,692.245 | 250.000 | 90.000 | 4,499.245 |
| 매출총이익 | 33.000 | 171.250 | 27.755 | 55.000 | 19.000 | 306.005 |
| 판 관 비 | | | | | | 4.500 |
| 이자수익 | | | | | | 13.500 |
| 당기순이익 | | | | | | 315.005 |

# 제3편 현병주의 사상과 생애

## 제1장 사 상

### 1. 저서

현병주의 사상에 대한 연구가 없어서 우선 저서를 통하여 현병주의 사상을 살펴보기로 한다. 현병주의 현존하는 저서는 24종이다. 그의 저서를 연도별로 정리하여 보면 다음 표와 같다.

| | 책이름 | 필 명 | 출판사 | 발행연도 |
|---|---|---|---|---|
| 1 | 花園胡蝶 | 玄丙周 著作者 | 大昌書院 | 1913 |
| 2 | 實用自修四介松都治簿法全 | 錦江漁父 玄丙周 著作者 | 德興書林 | 1916 |
| 3 | 名字吉凶自解法 | 玄丙周 編輯兼發行者 | 新舊書林 | 1916 |
| 4 | (鴻門宴會)項莊舞 | 玄丙周 著作兼發行者 | 博文書館 | 1917 |
| 5 | (雄辯大家) 范雎와蔡澤 | 玄丙周 著作兼發行者 | 以文堂 | 1918 |
| 6 | 朴文秀傳 | 玄丙周 著作兼發行者 | 百合社 | 1921 |
| 7 | (松都末年)不可思議 | 錦江漁父 玄虛舟子 翎仙 著 | 光東書局 | 1921 |
| 8 | (具解漢文)破字占書:付 相字秘訣 | 玄丙周 著作兼發行者 | 永昌書館 | 1921 |
| 9 | 名士時談 | 虛舟子 玄丙周 編輯者 | 大昌書院 | 1922 |
| 10 | 時事講演錄 第四集 | 玄丙周 編輯 | 友文館書會 | 1922 |
| 11 | 朝鮮八道秘密地誌 | 翎仙 玄丙周 修輯兼發行者 | 友文館書會 | 1923 |
| 12 | 批難 鄭鑑錄眞本 | 錦江漁父 玄翎仙 丙周 摠批 | 槿花社 | 1923 |
| 13 | (雄辯全能)演說法大方 | 玄丙周 著 | 東洋大學堂 | 1926 |
| 14 | 艶情楊貴妃 | 錦江漁父 玄翎仙 著 | 京城書籍業組合 | 1926 |
| 15 | 男女聯合討論集 | 玄丙周 編 | 廣文社 | 1928 |
| 16 | 科學上人生의 거울 | 秀峯 玄丙周 撰 | 滙東書館 | 1928 |
| 17 | 任辰錄 | 秀峰 玄丙周 著 | 新舊書林 | 1929 |
| 18 | 壬辰明將李如松實記 | 玄丙周 | 德興書林 | 1929 |
| 19 | 死六臣傳 | 玄秀峯 著 | 新舊書林 | 1929 |
| 20 | 生六臣傳 | 玄秀峯著 | 新舊書林 | 1929 |
| 21 | 蔣介石婦人과靑幇首領杜月笙의 手段 | 玄丙周 著 | 大成書林 | 1933 |
| 22 | 日滿軍 熱河討伐記 | 秀峰一夫 著 | 三文社 | 1934 |
| 23 | 端宗血史 | 玄丙周 著 | 巨文堂 | 1936 |
| 24 | 純情悲話 紅桃의 一生 | 玄丙周 著 | 世昌書館 | 1953 |

위의 표에서 열거된 24종의 도서 중 『(雄辯大家) 范睢와蔡澤』를 제외한 23종의 도서는 국립중앙도서관, 국회도서관, 고려대학교 도서관, 연세대학교 도서관, 한국학중앙연구원 장서각 등을 검색하여 찾아낸 도서이다. 『(雄辯大家) 范睢와蔡澤』은 국내 도서관에는 없고, 일본의 도야마대학(富山大學)도서관에 소장되어 있다. 이외에도 다른 저서가 있을 수 있다.

『日滿軍 熱河討伐記』의 광고란에 三文社의 최근간 책으로 다음의 책들이 소개되어 있다. 그러나 국내 도서관과 일본의 대학도서관을 검색하였으나 책을 찾을 수가 없었다. 『日滿軍 熱河討伐記』의 발행연도는 책을 찾을 수 없어서 정확한 연도는 알 수 없으나 광고란에 '최근간'이라고 되어 있는 것으로 미루어 볼 때, 1934년이 아닌가 짐작된다. 수봉일부(秀峰一夫)는 현병주와 동일인이라고 사료된다. 수봉(秀峰)은 현병주의 호 중의 하나이고, 당시 수봉(秀峰)이라는 필명을 가진 사람이 별도로 없기 때문이다.

이 외에도 현병주는 아래의 책들을 저술하였다. 그러나 이 책들은 현재 존재가 확인되지 않고 있다.

| | 책 이 름 | 필명 | 출판사 | 정가 |
|---|---|---|---|---|
| 1 | 最近滿洲國境長城大戰 | 秀峰一夫 | 三文社 | 40전 |
| 2 | 滿洲와上海의日中軍戰爭記 | 秀峰一夫 | 三文社 | 60전 |
| 3 | 切迫한日米戰爭記 | 秀峰一夫 | 三文社 | 60전 |
| 4 | 滿洲事變記 | 秀峰一夫 | 三文社 | 30전 |
| 5 | 上海事變實記 | 秀峰一夫 | 三文社 | 30전 |
| 6 | 日露戰爭記 | 秀峰一夫 | 三文社 | 30전 |
| 7 | 日淸戰爭 | 秀峰一夫 | 三文社 | 30전 |

현병주는 (찾지 못한 7권을 포함하면) 모두 31종의 저서를 저술 또는 편집하였다.

## 2. 저서의 성격 분류

현병주는 다양한 분야의 저서를 저술하였다. 그의 첫 번째 저서인 『花園胡蝶』은 신소설이다. 현병주 사후에 발간된 『純情悲話 紅桃의 一生』은 제목이 신소설 같으나, 임진왜란 당시 홍도(紅桃)라는 처녀에 대해 다룬 소설이다.

『名字吉凶自解法』, 『(具解漢文)破字占書:付 相字秘訣』, 『朝鮮八道秘密地誌』, 『批難鄭鑑錄眞本』은 우리나라의 비결(秘訣)과 비전(秘傳)을 다룬 책이다.

『(鴻門宴會)項莊舞』, 『(雄辯大家)范雎와蔡澤』 및 『艶情楊貴妃』는 중국고전에 나오는 기록을 바탕으로 쓴 역사소설이다. 『蔣介石婦人과青幇首領杜月笙의 手段』은 상해의 폭력단인 청방(青幇)의 두목인 두월생(杜月笙)이 국민당 정부의 총통 장개석(蔣介石) 부인 송미령을 납치하여 돈을 갈취한 것에 대한 논픽션이다.

『朴文秀傳』, 『(松都末年)不可思議』, 『任辰錄』, 『壬辰明將李如松實記』, 『死六臣傳』, 『生六臣傳』 및 『端宗血史』는 일종의 역사소설이다.

『名士時談』,『時事講演錄 第四集』,『(雄辯全能)演說法大方』,『男女聯合討論集』 및 『科學上人生의 거울』은 당시의 명사들이 발표한 글을 모아서 편집한 것이다.

『日滿軍 熱河討伐記』, 『最近滿洲國境長城大戰』, 『滿洲와上海의日中軍戰爭記』, 『切迫한日米戰爭記』, 『滿洲事變記』, 『上海事變實記』, 『日露戰爭記』 및 『日清戰爭』의 일곱 책은 저자의 이름이 秀峰一夫로 되어 있다. 玄丙周라는 본명을 사용하지 않고 秀峰一夫를 사용한 것은 창씨개명(創氏改名) 때문이라고 생각된다. 그런데 『日滿軍 熱河討伐記』는 1934년에 출간되었는데, 그 후에 출간된 현병주의 저서 『端宗血史』는 본명을 사용하고 있다.

『日滿軍 熱河討伐記』는 제목이 당시의 시대상을 반영하고 있겠지만 마음에 들지 않아 읽지 않으려고 하였다. 그러나 당시 전쟁 상황을 알기 위해 읽었는데, 그 내용도 일본 측 자료를 받아 집필한 것 같았다. 그리고 필명도 秀峰一夫를 사용하였는데, 당시 책의 내용과 필명을 그렇게 쓸 수밖에 없는 사정이었을 것이라고 계명대 사학과 이윤갑 교수는 말하였다.

현병주의 현존하는 24책 중에서 『實用自修四介松都治簿法全』은 다른 저서들과 그 내용이 특별히 구별되는 저서라고 사료된다.

### 3. 현병주의 사상

현병주는 우리나라의 고유한 것을 무척 사랑한 듯하다. 이는 그가 기고한 조선일보 100호 기념사를 보면 알 수 있다. 100호 기념사의 원문은 1920년 8월 24일 석간 1면에 게재되어 있는데 그 원문은 다음과 같다.

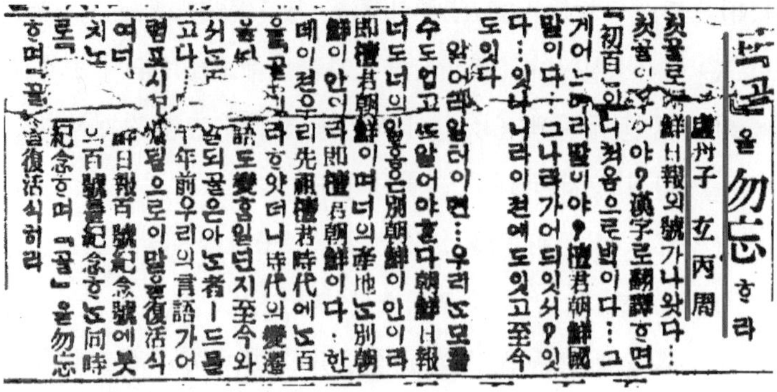

원문의 파자(破字)와 탈자(脫字)된 것을 정리하면 다음과 같다.

> 첫『골』을 勿忘하라 盧丹子 玄丙周
> 첫 골로 朝鮮日報의 號가 나왔다…
> 첫 골이 무엇이냐?
> 漢字로 飜譯하면『初百』이니 처음으로 백이다…
> 그게 어느 나라 말이냐?
> 檀君朝鮮國 말이다…
> 그 나라가 어디에 있는가?
> 있다… 있나 니라 이전에도 있고 至今도 있다.
> 알아라. 알테면… 우리는 모를 수도 없고 또 알아야 한다
> 朝鮮日報 너도 너의 이름은 別 朝鮮이 아니라
> 卽 檀君朝鮮이며
> 너의 産地는 別 朝鮮이 아니라
> 卽 檀君朝鮮이다…
> 한때 이전 우리 先祖 檀君時代에는 百을『골』이라 하였더니
> 時代의 變遷으로서 言語도 變함이런지
> 至今와서는 百은 알되 골은 아는 者 - 드물다…
> 四千年 前 우리의 言語가 어렴풋이 記憶됨으로
> 이 말을 復活시켜 너 朝鮮日報 百號 紀念號에 부치노라
> 百號를 紀念하는 同時로『初百』을 紀念하며
> 『골』을 勿忘하며『골』을 復活시키라

현병주는 "朝鮮은 별개의 조선이 아니고 단군조선(檀君朝鮮)"이라고 하였다. 현병주는『實用自修四介松都治簿法全』의 서문에서도 "아아! 조선 송도에 일찍이 일종의 상업부기가 있

었다. ……내가 세태를 파악하고 현재를 인도하기 위해 부기에 대한 지식을 다소 가진 사람으로서 이 책을 편찬하는 바이다."라고 하였다.

조선일보 100호 기념사나 『사개송도치부법』의 이러한 표현을 보면 현병주는 우리 고유의 것을 사랑하고, 발전・보존하려고 노력한 듯 보인다. 그가 우리나라의 비결(秘訣)과 비전(秘傳)에 관한 저서를 출간하고, 우리나라의 역사소설을 많이 쓴 것도 일제강점기 하에서 조선, 즉 우리나라를 사랑하였기 때문이라고 사료된다. 현병주는 일제강점기 동안 필(筆)을 무기로 한 투쟁보다는 우리 고유의 것을 찾아 정리하고, 보편적 지식을 보급하려고 노력한 것 같다.

## 제2장 생 애

현병주는 1880년 9월 28일(고종 17년 庚辰 9월 28일생) 탄생하였고, 1938년 음력 10월 25일(양력 12월 16일) 별세하였다. 그의 묘소는 족보에 忠淸北道 槐山郡 淸安面 程子里 亥座라고 기록되어 있다. 조익순 교수는 현병주의 후손의 가계에 대해 상세히 조사하여 정리하여 두었다.7)

현병주의 학력과 경력에 대해 알려진 것은 아무것도 없다. 저서를 보면 상당한 학력과 경력의 인물로 추정되지만 관련 자료는 거의 없다. 『한민족문화대백과사전』에 『實用自修四介松都治簿法全』, 『男女聯合討論集』, 『批難鄭鑑錄眞本』등 몇 권의 저서가 있다고만 기록되어 있다.

현병주가 조선일보 100호 기념사를 기고한 위치에 있다면 당시 상당한 사회적 지위가 있었을 것이라고 짐작이 간다. 그리고 그가 1922년에 편집한 『時事講演錄 第四集』에서 "眞"이란 제목으로 권두변언(卷頭弁言)을 썼는데, 그 목차는 다음과 같다.

目次


7) 조익순・정석우, 2006, 사개송도치부법의 발자취, 박영사, 267-269.

『時事講演錄 第四集』에 기고한 인사들의 면면을 보면, 당시 각각의 분야에서 명망이 있는 인사들이다. 몇 분만 소개하면 다음과 같다.

李敦化는 1902년 동학에 들어가 천도교 회지인 ≪천도교월보사(天道敎月報社)≫ 사원이 되고, 천도교 청년회를 운영했다. 잡지 ≪개벽(開闢)≫을 창간하여 편집을 맡아보면서 폐간될 때까지 천도교 교리의 근대적 전개와 민족자주사상을 설파했다. 천도교 지도자였다.

權悳奎는 1913년 서울 휘문의숙(徽文義塾)을 졸업하고 모교와 중앙학교·중동학교에서 국어 및 국사를 가르쳤다. 주시경(周時經)의 뒤를 잇는 몇 학자들 가운데 한 사람으로서 1921년 12월 3일 조선어연구회(朝鮮語硏究會) 창립에 참여하였다. 그 뒤 조선어학회의 역사적인 사업이라 할 수 있는 ≪조선어큰사전≫ 편찬에 참여하였으며, 1932년 12월 <한글맞춤법통일안>의 원안을 작성하였다. 또한, ≪한글≫에 <정음(正音) 이전의 조선글>을 비롯하여 신문·잡지 등에 수많은 논문·논술·수상 등을 발표하였으며, 한글순회강습 등에 온 힘을 기울였다.

崔炳憲은 과거의 부패상에 분노를 느끼고 사회개혁운동에 관심을 두던 중 1888년(고종 25) 선교사 존스(Jones, G. H.)에게 우리말을 가르치고 배재학당의 한문교사가 되면서 선교사들과의 교제를 가졌다. 1893년 세례를 받고 정동교회의 전도사로 활동하는 한편, 성서번역위원 및 독립협회 간부, 제국신문 주필, 신학월보 편집인 등으로 활약하였다. 또한 『독립신문』·『조션그리스도인회보』·『대한매일신보』·『황성신문』 등에 개화사상 및 정치개혁사상을 역설하는 문필가로서 활동하였다. 1902년 목사 안수를 받고 교회를 담임할 수 있고 등단설교(登壇說敎)를 할 수 있는 최초의 목사가 되었다. 정동교회의 창설자인 아펜젤러(Appenzeller, H. G.)가 해난사고로 사망하자 곧 담임목사직을 이어받아, 1903년부터 1914년까지 목회활동을 하였다. YMCA운동에도 참여하여 종교부위원장 및 전국삼년대회 대회장으로 활약하였고, 1914년부터 1922년까지 인천·서울 지방의 감리사로서 교회행정능력을 발휘하였다.

이 시기에 출간한 『만종일련』은 1912년 간행된 『성산명경(聖山明鏡)』과 함께 그의 주저로 꼽힌다. 1922년 은퇴 후 감리교 협성신학교 교수로 초빙되어 사망 때까지 비교종교론과 동양사상을 강의하였다. 그는 해박한 한학지식을 바탕으로 하여 동양의 여러 종교를 이해하였으며, 특히 한국의 상황 속에서 기독교의 의미와 위치를 밝히려고 노력하였다. 그의 신학사상이 지닌 중요성은 한국의 재래종교와 기독교사상의 접합점을 선구자적으로 모색한 데 있다.

이상, 세 분에 대한 인적사항을 설명하였다. 그 외의 분들도 당시 사회 지도층 인사로 활약한 분이다. 현병주 선생이 『時事講演錄 第四集』을 편집(編輯)하고, "眞"이란 제목으로 권두변언(卷頭弁言)을 썼다는 것은 강연문을 기고한 자들을 대표할 수 있는 위치에 있었다는 것을 짐작할 수 있을 것 같다. 그런가 하면 초기 저서에 '저작자 겸 발행자'라고 기록하고 있는 것으로 보아, 출판업에도 종사하였던 것으로 추측된다.

# [부 록]

# 實用自修四介松都治簿法全 원문

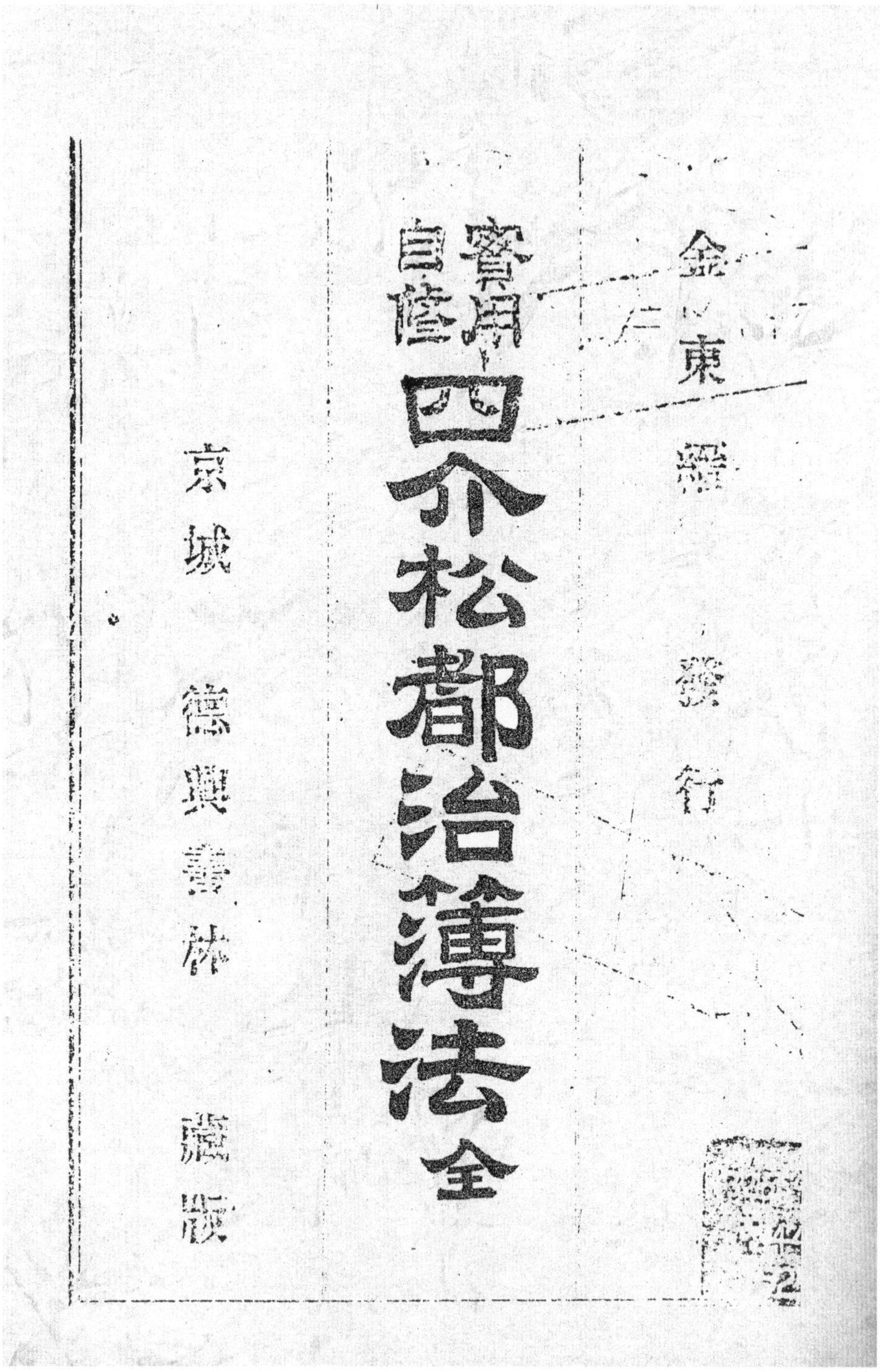

金東縉 發行

實用自修 四介松都治簿法 全

京城 德興書林 藏版

# 序

余ㅣ往年에飄游江湖하야遍觀市巷之細情일새其交涉也에必有商業家이오其關係也ㅣ亦有商業家이라第觀商業之規範에不有不病者하니何其不規之甚也오商業諸家는不知簿記之爲重要하고凡執文簿에各其自家所料로臨時治去하니記法이荒雜無律하야甲家之簿를乙不能解하고乙家之記를丙莫知焉이라雖然이나此是非不以簿記爲必要이라實由於治法之不得聞焉이로다東方에初無學術的簿記로以爲傳授之例也에何오噫라朝鮮松都에曾有一種商業簿記이나此亦未嘗以學術傳授하야用度不博애深爲識者之所恨이러니風潮一變以來로革新諸君이覺悟時務하고於是乎飜之譯之하야各種簿記가別設學術上一世界이나其圖式及文字가概是西人之式也ㅣ라不有專門之工者이면反不能釋하니不云簿記之不是라亦如曾

通知識之不及에何오商業簿記는終不改轍하고依舊不範일새余欲因勢而導今하야畧涉簿記者로輯此一編하니須不用新式하고依倣習例이라一以供普通自修之便宜하고一以俟他日大家之加功焉하노니是可謂朝鮮簿記法之嚆矢也라覽此諸家는垂意精涉하면應用實例에其則不遠하리라

歲在山曆丙辰之流火節

著者識

# 目次

# 實用自修 四介松都治簿法 全

德興書林 藏板

錦江漁父 玄丙周 編輯
開城 金璟植 裴俊汝 幷閱

## 第一章 通論

治簿法이라云한者는即今之簿記式이니自來로朝鮮의簿記는各官廳文簿를除한外에는各社會에一定한定式簿記가無하얏나니何로由함인고此는簿記를學術에付치아니한事實이라社會上에一日이라도不可缺할簿記로서最히親切히酬用하는곳은商業家이니人民社會의交際家이오金錢貸借와物品去來하는間에選定된機關手으로金錢과物品이移動하는機會이면必竟紹介者이되고恒常主務者

된商業家가簿記를捨하면何로能히自己業의端緒를領會하야眞狀을考據하리오此와如히必要함으로知하는同時朝鮮在來의商業家는各其意見을做出하야千差萬別로記去하는文簿가有하나僅히自己의意思를表示한者으로自己만自覺하야記憶할뿐이오그文簿로他人의게引繼하야叅考케할境遇를當하면引繼者이能히解釋치못하니엇지簿記라指稱할價値가有하리오朝鮮에도價値가有한簿記式은東洋商業에先發明者된松都商業家로서曾히使用하는四介治簿法이有하야遙遙히伊太利베니스府에서發明한即新式簿記法과符合이되야其補助簿의區別과貸借一覽表等의幾種은記入法의方式關係로差別을生하나主要簿의綱領은毫釐도不差하니라그러나今日에相當한簿記式을公衆의게普及코저할진대寧히東西에傳播되야廣博히輸用하는新式簿記式이勿論的當하다하겟스나도리혀此는文字가不同하고圖式이複雜함으로簿記專門家를除한外이면

簿記에素養이有한松都商業家의眼目에도生疎함을免키難한지라此編은優先吾人眼目의慣習된治簿法으로商業文簿의導火線을作하야急히朝鮮商業家의文簿를整理코저함이니新式簿記式의普及期는商業이發達된後日을俟하리라

## 第二章 簿記의原因

物品을左手로十錢에買得하야右手로十一錢에直放하얏다던지或午正末分에二十錢現金으로買收한物件을午後零時初分에十九錢五厘로直放하는것갓흐면一錢의利益과五厘의損害가登時發覺되고賣渡者와買受者雙方의關係가直席에消滅될지라일이모다이러한것만갓흐면簿記가업서도足하다할지나매양吾人의平生은物品과金錢을依賴하야生活하는者인즉各끼生活의程度를따루어物品去來와金錢貸借間에關係가頻繁할지라外上으로주는것도有할

지며打給으로밧난것도有할것이오갑흘것를數三朔에淸帳치못하기도할지며밧을것을一二年을連拖하야幾個年後에整理하는細音도未嘗不만흔中千葉萬枝로小한者에는幾十幾百圓의去來와大한者에는幾千幾萬圓의損益이有할지니簿記를捨하면已久한去來를何로써記憶하며數多한損益을何로써分析하리오簿記의原因이於是乎發生된者이니簿記는其人의一種歷史에付한者이니라

## 第三章　貸借에權利와義務를屬하야論함

簿記의組織은恒常貸借가發生됨으로브터起点되나니簿를治코저하는時는不得不貸借가如何함을先히研究하야볼일이라貸는「남을주는것」借는「내가밧을것」이라하면足하겟스나此等單純한說明으로는複雜한要点을到底히解釋지못할지라貸라하면勿論나의權利를貸하야준것이오借라하면勿論남의게義務를진것갓흐되是를反하

야貸에도나의義務를履行할時가有하고借에도나의權利를恢復할時가有하니此와如한種類난남의게借用하얏던것을支拂하난貸方파남의게貸下하얏던것을返濟하난借方이곳是라此等種別의貸借가輪轉不息하야相勝相負를競爭하난同時에權利義務가一高一低하며金錢上損益의變化가生하나니라

## 第四章 金櫃가主體되는例

一法이有하야簿를治하난人으로貸借上權利義務를容易히辨析할道利가有하니貸借를主務하난其人은權利義務가自身에屬한것으로觀치말고一切權利義務를金錢을容收하는金櫃의게讓與하고自己의地位쌔지辭免하야金櫃도主務代表者를叙任한後金錢을借用한人이有하며金櫃가金錢借用人의게對하야借用한金錢을收入할權利가有하고反是하야他人의金錢을借入한時는金櫃가貸下한人

의게對하야貸下할金錢을支拂할義務가有함으로觀하며自己난中立으로金櫃의金錢貸借를紹介周旋하난居間이될지니同一히實例를擧하면曾往에松都日簿記에난當日時在(卽殘高)를金櫃還去라記하얏다가次日同帳初行에金櫃借入이라更히轉記하니라

## 第五章　商品을人으로認定하는例

上에述한바와갓치金櫃가金錢을自然人의게貸下한境遇면勿論金櫃난自然人의債權者이되고自然人은金櫃의債務者가되려니와金櫃가金錢으로物品을買收한時는金櫃가物品의債權者이되야何時라도物品이借用한金錢을收入할權利가有하고商品은金櫃의債務者이되야何時라도自己價値를金錢으로變하야金櫃의게返還할義務가有하니物品이金櫃에對한義務가卽自然人파同一하니라次下治簿法에買得한物品이準木이면準木秩이라江布이면江布秩이라

한것은自然人의姓名과同一히示할지니實例난下圖를叅觀하라

## 圖式

上은金櫃가債用自然人의게百圓을貸下하엿더니自然人이一定한期限에利殖二十圓을幷하야返償하는圖이오

下는金櫃가買得物品의게千圓을貸下하엿더니物品은半年三個月만에利殖七百圓을幷하야返償하는圖이라

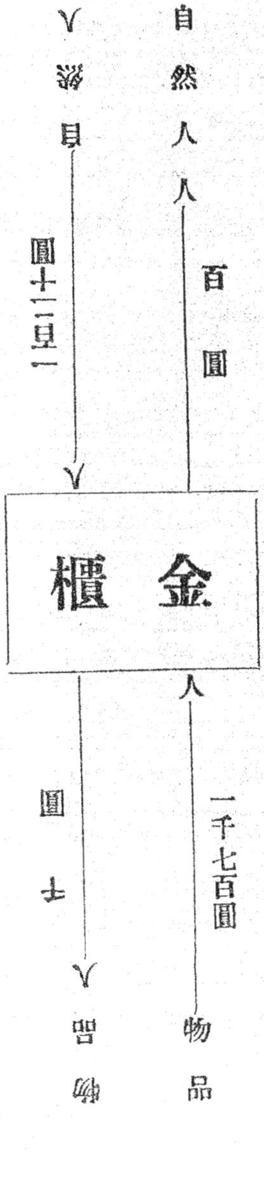


## 第六章 交換의範圍와狀態

簿記帳에記載되난材料는無非交換範圍內로서生한者이라交換은

恒常相對方이平均을主張함으로相生相殺이互相等一하나니是한故로簿記上에交換貸借난兩方이齊等數로幷進하니라假如粉紬一疋과麻布一疋이交換할時면價格을比較하야粉紬評價는七圓인대麻布評價난一圓이라麻布가自己의價値一圓以外에六圓을準備하여노와야七圓粉紬가交換하여갈것이니此一例만擧하야도交換의如何함을可知할지나次行을借하야更히交換上奧妙하고複雜한眞理를贅論코저하노라

## 附論

天下萬理가同歸一轍로出한者이有하면반다시入하는者이有하고損한者이有하면반다시益하난者이有하나니此난恒常反對方向이有하야單獨孤立치못하는元理元則이라

一、本例는消耗品의交換狀態이니、假如貧者一人이金錢十圓을辦

出하야自己의冬服을購入한지라初也에는金錢과冬服이交換하야冬服이入하난代에比等한金錢이出하얏거니와冬服은一消耗品에屬한者인즉消耗品된冬服이所有金錢十圓을消耗한代에增益者十圓은何何方面에在하나하면卽其人의防寒費가增益을生한者이라人은天然保護를受치못함으로冬期에衣服을備치아니하면畢竟은衣服代에煖爐이나溫突이라도其人自己를爲하야增을生한者이有하여야其人의生命을保存할지니此冬服은其人의冬期生活한幾分의價値와交換한者이오

一、本例는純利益의交換狀態及區別이니、又如質屋主人이高利貸金으로一債務者의게百圓을貸下한時、債務者가契約을履行하야返還期三個月만에一百五十圓을報償한지라質屋主人은一百圓이出하고一百五十圓이入한즉領受中五十圓高가何를交換한者이나하면卽主人의時間과相殺이될지라大抵通貨난同

一한物이로대使用하난性質이以外物과差異하니通貨以外의物은破傷汚穢의層折을生하난者인故로貸借間에其物貰로相當한貰金을定하야通用하난例가有하나通貨난不然하니特約이無한時난金을貸下한者ㅣ銀이入하든지白銅을借入한者ㅣ赤銅이出할지라도貸借者間에拒絶이업시融通하난者이라此質屋主人의게入한者五十圓高난原金百圓錢의錢貰로入한者이아니요質屋主人의百圓金、融通權을三個月停止한故로三個月時間障碍로生한損害와純利益이交換한者이오

一、本例난實力과酬勞金의交換이니、又如一勞働子가日給一圓五十錢으로定하고兵庫廠建築에雇傭한時난勞働子의實力과日給一圓五十錢이交換한者이오、

一、本例난智識力과勤苦物의交換이니、又如壟斷丈夫가一笑之間에農民의半年勤苦한穀物品을買得하야一握千金의利益을生

한時난商業上投機智識力과農民의半年勤苦物이交換한者이니

△上에陳한바附論은簿記初學者의게對하야有形物과無形物의交換貸借를解釋케하기爲하야其範圍와狀態가如何함을略論한者이라簿記學上實例의材料난아니기로更히實例될有形物과無形物을區分하야次에臚列하노라

## 第七章 有形物及無形物의種別

形體ㅣ有한者를有形物이라하고形體ㅣ無한者를無形物이라하나니此二種의區別이簿記學上最要한關係가有한지라簿를治할時난先히此를分解할지니其種類를區別하면下圖와如하니라

**有形物**

△現金

△資產（不動產、動產）

△物品（買賣品）

**無形物**

△商標

△屋號

△板權

△專賣特許狀

△魚驗（即小切手의類）니、借用証、領受證의類幷

△動產及不動產證明狀

△貸金利殖

△損害賠償 約條金幷

△酬勞의係한類（雇價及手數料의類）

△仲介料及公私의係한稅納

## 第八章 利益部와損害部의說明

何如한者를利益이라謂하며如何한者를損害라稱할가此난畢竟一方의關係가完結된後에在하다함이明白하도다交換上利益이라할것은其人資本以上에仍作己物로借方에入한者이니例如貸金의邊

利와賣品의利益이是라此에屬한者난一次入한時면何日何時라도返還을請求할權利者이無함으로自己의利益資產이될지오損害라할것은其人資產金額에셔一去不返으로貸方에出한者이니此에屬한者이種類甚多하나次下에更히區別할必要가有함으로此章에난最히顯著한者數種을擧하건대例如自己身體에對한服裝費와口腹에對한食料費가是라此에屬한者난一次出한時이면何年何月이라도返還을履行할義務者이無함으로損害負債가될지니라

## 第九章 新式簿記와舊式簿記의種別

西洋學者의發明한簿記式을新式이라稱하고此를編한松都治簿를舊式이라稱함이니此를特히種別함은次下記載法에新舊式例를對照할必要가種々함을因함이라

## 第十章 四介의定義

萬口一談으로松都治簿난(四介라四介라)하되名稱이如何한定義로由합이냐問하면自家物로用하난松都商業家도答辯이一定치못하도다此에就하야編輯者의解釋한定義로簡略히一例를擧하야論할진대假令一商人의初에萬圓資本으로開業한지一年만에九千圓의利益을生하고自己의費用으로消耗된金額이二百圓이오他人의金額을借用한것이二千圓이라年終會計當時에金櫃中現金時在난萬圓일것갓흐면九千圓利益은何何利益秩이生한

## 圖式

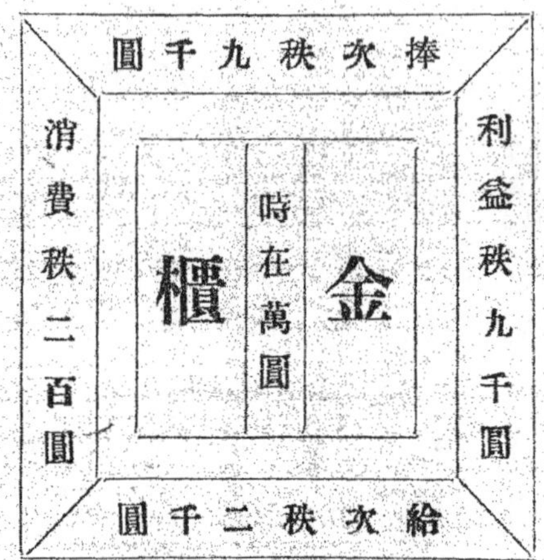


것이며生한利益金九千圓은捧次帳何何座目이借用한것이며二百圓消費金額은何何種類秩의게貸下한것이며借用金二千圓은給次

帳何何座目으로履行할것이上圖와如한것을帳簿上一覽表로零落업시組織된것이니이것이捧次가一介,給次가一介,利益이一介,損害가一介,合四介라自稱하노라

## 第十一章 主要簿及補助簿의區別

主要簿라함은比諸官廳或會社에主任과如한者이오補助簿라함은當局官廳及會社內分掌한事務一部에就하야勤務하난者이라

### 主要簿에屬한者

△日記帳

△分介帳 { 捧次帳(資產帳) / 給次帳(負債帳) } 元帳(帳冊) 決算表 附 掌記

△貯金通帳

△通帳(外上物品借入을記한者)

△現金出納帳

△物品去來帳

△委托物處理帳

△魚驗收支帳

△會計帳（一部分의去來를決算한者）

△損益計算帳（全部交換貸借를試算한者）

補助簿에屬한者

## 第十二章　日記난治簿의元料

日記난主要簿에屬한者일뿐더러各項帳簿가日記의起點으로브터組織되나니假使主要簿에도第一大한者元帳(帳冊)을譬諸官廳或會

社에主任이라假定하면日記帳은發起人이되야會社를組織한者이오民勸領首가되야官廳에叙任한主任을選擧한者이니日記가各帳簿의機礎됨을推此可知함이라

## 第十三章 捧次(他給長冊)帙(資產部)給次(外上長冊)帙(負債部)의注意

次에日記例題를擧할새日記帳을記去할時는不可不捧次帙과給次帙에十分注意할지니捧次는恒常내가밧을權利가잇서出하는者이니新式簿記資產部에屬한者이오給次帙은恒常내가갑흘義務가잇서入한者이니新式簿記負債部에屬한者이니라

## 第十四章 松都日記帳은新式簿記에日記帳과分介帳을合하야幷進하는所以

新式簿記는日記帳에金額貸借의區分이無히記入하고更히分介帳에轉記할時、貸借를區別하되松都簿記는日記帳에셔貸借를區別하야記入하나니下에記入法을叅觀하면自然히解釋하리라

## 第十五章　松都日記와帳册에特用字及符號置하는例

一、上◎과下◎이니

右二字는現金出納에만標準한者이니現金이出한行이면末端에下字를置하고現金이入한行이면末端에上字를置하나니此는現金時在計算時에最히必要하니라

二、入◎과去◎이니

右二字는物品出納을標準한者이니物品이入한行이면初頭에

入字를置하고物品이出한行이면初頭에去字를置하되物品이人으로부터入한行이면人의姓名을記한次에入字를置하나니出한行에도此例와同히하나니라

又、還◎入◎과還◎給◎의例가有하니

還入이라함은例如貸下하엿든金이入함의類와 還給이라함은例如借入하얏든金을支拂함의類이니라

又、過◎入◎과過◎去◎의例

過入이라함은本額以上에利益을入하는者이오過去라함은入例의反比例이니라

又、會◎計◎의義

會計라함은捧給을合算하는例이라

## 三、秩○字의例

右字의用例는其義가二條로分하니左에區別한바(가)의順序에屬한者는本書第五章에釋意와如히帳簿上關係를生한者는自然人으로認定하드시秩字는即人의姓名을代位함이오(나)의順序에屬한類는無形物을有形物의代位로定함이니各其性質을分하야次第로說明하건대

### (가)物○品○秩○

入한物이든지出한物이든지物品의名稱을隨하야麻布이면麻布秩、白木이면白木秩이라하나니白木帙去라할時는白木帙을自己債務者의姓名으로標準하고麻布帙入이라할時는麻布帙을自己債權者의姓名으로標準한것이니라

### (나)一、魚○驗○秩○(或於音이라함)

二、利益秩

三、公用秩

又、文○字의例

右字는即(錢)字의代表로用하나니라

又、餘○字의例

右字는即(殘)字와同하니라

又、次○字의例

右字는即(方)字와同하니라

四、直○放○과買◎得◎의定義

四介松都治簿法　第十五章　日記帳冊에特用字及符號置하는例　二一

直錢(現金의義로同)으로賣渡한者이면直放이라記하고現金으로買收한者를買得이라記하나니此를記하는行에는本章第二例의入去標와及第一例의上下標를必히記하나니라

## 五、標算(一名은胡算이라)

| 〡 | 〢 | 〣 | 〤 | 〥 | 〦 | 〧 | 〨 | 〩 |
|---|---|---|---|---|---|---|---|---|
| (一) | (二) | (三) | (四) | (五) | (六) | (七) | (八) | (九) |

此는物의價格을標示함에用하나니其義는即、珠算을象形한者이라用例는賣買及交換物을勿論하고同種의物品이一個로부터數個以上이記入되더라도物品을記한次에其物品의單個價格을此로標示하고其次에는全部物品의價格을合算한總數를記載함이必要하니라

## 六、鐙子法

此는日記帳記事의單行以上에用하는者이니其形容이鐙子와如함으로名稱함이라

用例는新式簿記分介帳에記入하는條項에酬用되나니恒常現金去來以外으로一方에對하야反對方을記한後此를劃할지라松都日記中前行에記載된額數가入한者이던지去한者이던지第次行에는前行의額數를反對로記하야前後行額數가平均히된境遇에前後行의末端을括하야本法을用하니日記帳現金時在計算時와及後日叅考時에一覽上便宜를與한者이라

## 七、列旗法(方言에긔불니인다함)

此는其形容이旗를立하니와如함으로名稱함이니日記帳記事行叙頭에朱筆或墨筆로叙頭中心을向하야縱線劃을直立하고次에는縱線劃의中心을橫貫하야기역(ㄱ)劃을添加하니用例는日記에記入된者이捧次이던지給次이던지關係가消滅될時에必히以上關係된書行을次第로爻周하는것이라

## 八、打點法

此例는日記와帳冊의最히多用하나니日記의打點은日記의記事를帳冊으로傳書할時、傳書된行은卽時行頭에黑點을加하고、帳冊의打點은日記로서轉記한後다시日記와對照할時考準되는대로本行金額右側으로朱點을加하나니라

## 九、行劃의例(一云爻周라함)

△ 此例는帳册에用하나니他給帳册이던지外上帳册이던지捧給의關係가消滅될時에用하나니라

## 十、又○字의用例

此는必히第次行에用하나니人과物을勿論하고人의次行에記入되면前行의記한人의姓名이되고物의次行에記入되면前行에記한物名이되나니라

## 十一、內○字의用例

此는捧給을區別하기爲하야間捧으로用하나니例如帳册과如한種類에册製을上下兩段으로分하고上段은捧次만記入하고下段은給次만記入하는時는此字를中間에必히置하되記事가重複한時이면上에示한字樣과如히橫滿하게함도有

하니라

十二、時○在○의義

時在라함은即(殘高)의義이니라

十三、合○字와實○字의例

合이라함은一方의計算을總括함이오實이라함은捧給의相殺한殘高를指稱함이라

# 第十六章 日記의例題及實習과幷說明

(例題) 屋號를信成號라稱하는人이開業第一日에資本金一萬五千圓을積立하니金櫃中現金時在가六千五百圓이오○第一銀行에任置(定期든지無定期든지)한當座豫金이八千五百圓이라○當日에治簿에用할空册十部를每部十五錢式買入하고◎本商店建築所地段價一百五十圓을出給(支拂의義)하고又에本店修理費三十圓을出給하고○次에方仁準의任置金二千圓을領受하고○次에申義植의게漢陽木預給으로五十圓을先下하다

## 實)

信成號入資本金一萬五千圓上

第一銀行去當座預金八千五百圓下

公用秩去空册十部代金一圓五十錢下

家舍秩去本商店用地段價一百五十圓下

又去本店修理費三十圓下（此行又字는即家舍秩을再記함이니以下는同함）

方仁準入任置金二千圓上

申義植去漢陽木百疋價預給金五十圓下

(習

（注意）此는個人營業을標準한者어니와數人以上이資本을幷하야開業한時라도信成號와如한屋號를定하면그定한屋號를個人營業者로示할지니同業者數人間에는特別한區分이有할지라도營業全體에對하야는少毫도差等이無하니라

（說明）第一行은信成號（即自己）로부터資本金一萬五千圓을入하는同時第二行으로第一銀行當座預金을記下하고第三行은公用秩로空册代金을支拂하고第四行及第五行은家舍秩로地段價幷修理費를支拂하고第六行은資本金以上으로方仁準의任置金二千圓을領受하고第七行은申義植의

게漢陽木預金으로支拂하니라

## (例題)

第二日은權禮得으로붓터見樣紙十五塊를每塊에四十七圓式買入하고價額으로四百圓은現金을給하고殘額은一朔後에出次할魚驗으로給하다

## (實習)

權禮得入見樣紙十五塊代金七百○五圓
紙物秩去同物十五塊代金七百○五圓
權禮得去見樣紙價中即錢給金四百圓下
於音秩入二月一日給次金三百五圓
權禮得去紙價零條二月一日給次本於音給三百五圓

(說明)第一行은權禮得으로붓터見樣紙를買入하야第二行에紙物秩로同物의代金을支拂하고第三行은見樣紙代金四百

圓은現金으로支拂하고第四行은於音秩로三百五圓을入
하야第五行에權禮得의紙價零條를計給하니라

(例題)

第三日은沈智元으로붓터慶布七百疋을每疋一圓十錢式에買入
하고全部價額을五個日後에出給하기로口頭契約을成立하다

(實習)

沈智元入慶布七百疋代卜限五日給次金七百七十圓
布屬秩去慶布七百疋代卜正月六日捧金七百七十圓

(說明)第一行에沈智元으로붓터慶布七百疋을買入하야第次行
에布屬秩로代金을代下하니라

(例題)

第四日은白信明으로붓터準木一千五百疋을每疋九十錢式으로

買入하고全部價額은第一銀行에셔即時出給할小切手(爲驗)로劃給하고同物의運來費三圓을現金으로給下하다

## (實習)

白信明入準木一千五百疋文代金一千三百五十圓

白木秩去準木一千五百疋文代金一千三百五十圓

第一銀行入小切手第一號金一千三百五十圓

白信明給白木價第一銀行票給一千三百五十圓

白木秩去準木三十隻運來卜價三圓下

(說明)第一行에白信明으로붓터買入한準木을第二行白木秩로下하고第三行은第一銀行小切手를領受하야第四行白信明의準木價를計給하고第五行은準木의三十隻運費를支拂하니라

## (例題)

第五日은買得(卽直錢주고사는것)으로白蔘十斤을每斤九圓式에
買入하다

白蔘秩去同物三十片十斤代金九十圓下

## (實習)

(說明)此는卽單式例이니直錢으로買得한物은直席에一方에關
係가消滅된故로單式例가便利하나此를複式으로記入하
면三行이되나니例는初行에買得處를記入하야第二行에
白蔘秩로下한後다시次行(第三行)을本例와同히記入하는
例가正式이니라

## (例題)

第六日은李甲述에게各項紬屬四千圓價值와○各種布屬三千圓
價值를買入하고全部價額은方仁準이中義植의게推尋(領收의義)할魚

驗을借入한그魚驗으로給하다

## (實習)

李甲述入各項紬物價合四千圓

又入各種布屬價合三千圓

紬物秩去各項紬物價合四千圓

布屬秩去各種布屬價合三千圓

方仁準貸入中義植推次於音七千圓

李甲述給紬布價畢右於音給七千圓

(此行又字는即李甲述을再記함이니此下도同함)

(說明)第一銀行은李甲述에買入한紬物을先히記入하고次行에布屬을記入하야第三行、第四行에紬物及布屬秩로次第分下하고○第五行은方仁準의게領受할於音을記入하야第六行으로李甲述의物價를畢給하니라

## (例題)

第七日은金乙先의게安州亢羅二十疋을每疋七圓式으로賣下하고全部價額은十日後推尋할魚驗으로領受하다

紬物秩入安亢羅二十疋丄代一百四十圓

金乙先放安亢羅二十疋丄代一百四十圓

又入安亢羅條正月十九日推次自己於音一百四十圓

於音秩去金乙先正月十九日出次一百四十圓

## (實習)

(說明)第一行은紬物秩로셔安亢羅를入하야第三行의金乙先의게賣渡하고다시金乙先의게同物의代金을於音으로領受하야第四行에於音秩로下하니라

## (例題)

第八日은崔丙奎의게鐵原紬一百五十疋을每疋六圓式에放賣하고○價額은二十日後에捧次할魚驗으로領受하고○同物居口로

七圓을現金으로出給하다

## (實習)

一 紬物秩入鐵原紬一百五十疋上價九百圓

崔丙奎放鐵原紬一百五十疋上價九百圓

又入右物價條正月三十日自己出次於音九百圓

於音秩去崔丙奎正月三十日出次金九百圓

紬物秩去鐵原紬一百五十疋居口金七圓下

(說明)第一行은紬物秩로셔鐵原紬를入하야第二行崔丙奎의게賣渡하고第三行에同人의게前記物代金을於音으로領受하야第四行於音秩로下하고第五行은同物秩로同物의口錢을下하니라

## (例題)

第九日은眞絲百斤을每斤에二圓八十錢式打算하야安丁玉의機

張蘿三十隻과換色(交換의義)하고七圓加錢을現金으로領受하고機張蘿運來費三圓을出給하다

## (實習)

眞絲秩入一百斤价代金二百八十圓
安丁玉去眞絲一百斤价代金二百八十圓
又入機張蘿三十隻合六百束为代減卌實金二百七十三圓
機張蘿秩去同物三十隻合六百束为代減七圓餘實二百七十三圓
又去同物運來費金三圓下
安丁玉入眞絲價中蘿價相計餘錢七圓上

(說明)此例題는有形物과有形物의交換이나實習은不可不雙方이物을賣하야物을買入함이되나니라故로第一行은眞絲一百斤을安丁玉의게賣渡하고○第二行은機張蘿三十隻을同人의게買入하고○第三行은機張蘿秩로眞絲代金을

下하고○第四行은機張藿秩로運費三圓을下한者이오○
第五行은安丁玉의眞絲代金殘額을上한者이라

(例題)

第十日은兎山紬三百疋을每疋에三圓八十錢式買得하야鄭戊敬
의게染色을委托하고染色工錢으로八十圓을先給하다

兎山紬秩去同物三百疋배代金一千一百四十圓下

鄭戊敬去兎山紬三百疋染工中先給金八十圓下

(實習)

(說明)第一行은兎山紬代金을兎山紬秩로下한者이오○第二行
은鄭戊敬의게染色工錢八十圓을下한者이니同物染色工
錢을此行에서畢給한境遇면兎山紬秩로金額을下할지나
此行에서畢給지못한故로鄭戊敬의게로下하얏다가後日
畢給時에는鄭戊敬還入八十圓으로更記하야餘條와幷히

兎山紬秩로下하나니라

## (例題)

第十一日은韓山生苧一百五十疋을買得하니合價額은五百八十九圓이라○同物의口錢八圓을給하고○生苧中一百疋은鄭戌敬의게漂白을委任하고漂白工錢은生苧一百疋內에서五疋로定하야內減케하다

## (實習)

生苧秩去韓山生苧一百五十疋價合金一百八十九圓下

生苧秩去一百五十疋居口給金八圓下

又入同物五疋價金二十圓

又去生苧九十五疋練工給二十圓

(說明)第一行은生苧代金은生苧秩로下한者이오○第二行은居口를生苧秩로下한者이오○第三、第四行은生苧五疋로生

学九十五疋練工을畢給한者이니假如十日例題와如이練工을畢給지아니한境遇면生学五疋을生学秩로下치못하고漂白委任人의게로下하나니라

## (例題)

第十二日은安東布百疋을都合價額五百五十圓으로定하야朴己大의五方雜貨와換色하고○次에五房雜貨三百圓價値를直放하야現金으로權禮得의三疊紙前條를計給하다

布屬秩入安東布一百疋價金五百五十圓
雜貨秩去朴己大五房雜貨價合五百五十圓
又入雜貨放價合卽錢三百圓上
權禮得去三貼紙價給三百圓下

## (實習)

(說明)第一行과第二行은安東布와雜貨가交換(第六章交換의狀

態를參觀하라)하고○第三行은雜貨를直放하고○第四行은權禮得의三疊紙代金을給하니라

(例題)

第十三日은宋庚守의게北布九十疋을每疋二圓式에一朔外上으로賣下하고○飲食店에冷麵價三圓을給下하다

布屬秩入北布九十疋リ代金一百八十圓

宋庚守去北布九十疋リ代限一朔放金一百八十圓

公用秩冷麵價金三圓下

(實習)

(說明)第一行은布屬秩에서北布九十疋를入하야第二行으로宋庚守의게賣下하고○第三行은公用으로三圓을下하니라

(例題)

第十四日은慶布百疋을劉辛雄의게一百十五圓으로賣下하고折半은外上、折半은直錢을推尋하야白信明의게前日借用한原金百圓의邊利로九圓을給하다

## (實 習)

布屬秩入慶布一百疋[illegible]代一百十五圓

劉辛雄去慶布一百疋[illegible]代金一百十五圓

又入右物價中先上金五十七圓五十錢上

利子秩去白信明債條百圓自正月至六月晦合六朔邊九圓下

(說明) 第一行은布屬秩의서慶布百疋을還入하야第二行으로劉辛雄의게前記物을賣渡하고○第三行은前記物價半數를領受하고○第四行은白信明의債條를給하니라

## (例題)

第十五日은原金(本錢)一百五十圓을月步三分邊利로劉辛雄의게

(實習) 貸給하고原金의三朔邊利十三圓五十錢을先除하다

劉辛雄債給三月晦捧次金一百五十圓下

利子秩入右人條三朔邊利先上金十三圓五十錢上

(說明) 第一行은元金一百五十圓을貸下하고○第二行은前記金의利子十三圓五十錢을領受하니라

(例題)

第十六日은鄭戊敬의게委托하얏던色紬三百疋과同人의게委托하얏던白苧九十五疋을推尋하야白壬周의게色紬는都合一千四百圓으로白苧는都合四百五十圓으로賣下하고總價額內의셕一千圓은十日後의推尋할魚驗을領受하고四百圓은前借用條로除하고四百五十圓은直錢으로推尋하다

## (實 習)

紬屬秩入兎山色紬三百疋價合一千四百圓
生苧秩入白苧九十五疋價合四百五十圓
白壬周放兎山色紬三百疋價合一千四百圓
又放白苧九十五疋價合四百五十圓
又入右兩種物價合一千八百五十圓上
又還給債條計給金四百圓下
於音秩去白壬周二月晦日出次於音一片金一千圓下

(說明)第一行과第二行은紬物秩과生苧秩의셔還入(此例題와如히他人의게委托한物이아니라도此例로同합)하야第三行第四行에白壬周게로放下하고○第五行은前記物價를領受하고○第六行은白壬周의前債條를給下하고○第七行은白壬周의게前記物價零條를魚驗秩로下하니라

## (例題)

第十七日은洪癸化의게公春一千八百七十五尺을每尺十九錢式에賣下하고價額三分之一은統營笠二十介와濟網五竹으로計入하고三分의二는外上으로하고○次에三種皮物(山皮二十張、赤皮五張、狸皮五張)九十圓價値를直錢에買入하야即時一百九圓에賣下하다

## (實　習)

布屬秩入公春一千八百七十五尺攵代三百五十六圓二十五錢

洪癸化去公春一千八百七十五尺攵代三百五十六圓二十五錢

又入統營笠子二十介價合八十圓

又入濟網五竹價合三十八圓七十五錢

笠子秩去統營笠二十介代金八十圓

網巾秩去濟網五竹代金三十八圓七十五錢

皮物秩去三種皮物三十張價合九十圓下

又入同物三十張價合一百九圓上

(說明)第一行은布屬秩의서公春을入하야第二行洪癸化의게賣渡하고○第三行及第四行에笠子와綱巾을計入하야第五行及六行에次第로代金을下하고○第七行에三種皮物을買入하야第八行에皮物을直放하니라

## (例題)

第十八日은金乙先의게一百四十圓을領受하고沈智元의게七百七十圓의物價를支拂하고次에鄭戊敬의게兎山紬價八十圓을領受하다

## (實習)

於音秩還入金乙先捧金一百四十圓上
沈智元還給金七百七十圓下
鄭戊敬還入八十圓
紬物秩去兎山紬染工八十圓

(說明)第一行은金乙先의게安亢羅價定期日出次於音을領受하고○第二行은沈智元의慶布價本月八日給次할七百七十圓을支拂하고○第四行은十日鄭戊敬染工給(十日條)한八十圓을還入(此日兎山白紬가色紬로變하야入함으로染工을色紬로移去식히는例)하야第四行紬物秩로移去하니라

# 第十七章 諸類帳簿篇題及綴方例

草日記라함은草日記에記載된것을다시他册에正書하는例가有하나니次의傳書된册을(中日記)라稱함

他給長册은卽給次를記入하는借入帳이오外上長册은卽捧次를記入하는貸帳이니他給外上長册을幷하야一册에用하는例가多하니라

(主要簿類)

(一)

大正五年一月日

草日記 第一

(二)

大正五年一月日

外上長册 第一

(三)

大正五年一月日

他給長册 第一

會計册은決算時에用함

(四)

會計册

大正五年月日

此册은現金으로買得하는것을記入하나니라

(補助簿의類)

(甲)

買得册

大正五年月日

此册은委任物의出納을記入하나니物商客主에셔는廢치못할要簿이라

(乙)

物出入册

大正五年月日

補助簿는以上甲乙以外의

一、(掌記册)을設하고他의一部分에對하야相計한것을記入하며

一、(公用秩)이라는一種册을特設하고日記帳에셔公用秩만摘入하며

一、(利益秩)이라는一種册을特設하고日記帳에셔利益秩만摘入하며

一、(調査簿)를特設하고自己의商業程度를隨하야一個月이나或三個月、六個月의期限을定하고物의調査를記入함에用할지니此外에도補助簿로用하는種類는各其營業의區別로因하야多數한補助簿를用할지라도本章主要簿四種에總히係屬된者이니라

# 第十八章 (日記)綴方例

(注意)本章書行의行頭에此(ゝ)打點과又(ㅑ)列旗와行中에標算과入去字와及行末上、下字와數行의末端에(凵)의鐙字法諸例는第十五章松都日記와帳册에特用字及符號置하는例를次第로參照하라

丙辰陰正月　日信成號

# 日記　第一

丙辰 大正五年 陰正月信成號開業一日

初一日

、信成號入資本金一萬五千圓上

、第一銀行去當座預金八千五百圓下

、公用秩去空册十部價金一圓五十錢下

、家舍秩去本商店用地段價金一百五十圓下

、又去本店修理費金三十圓下

、方仁準入任置金二千圓上

、申義植去漢陽木百疋價中預給金五十圓下

時在金八千二百六十八圓五十錢

二日

前日高八千二百六十八圓五十錢上

中、權禮得入見樣紙十五塊⿰乂上代金七百〇五圓

中、見樣紙秩去同物十五塊⿰乂上代金七百〇五圓

中、權禮得去見樣紙價中卽錢給金四百圓下

中、於音秩入二月一日給次金三百〇五圓

中、權禮得去紙價零條二月一日給次於音給三百〇五圓

時在金七千八百六十八圓五十錢

三日

前日高七千八百六十八圓五十錢上

中、沈智元入慶布七百疋卜代限五日給次金七百七十圓

、布廛秩去慶布七百疋卜代本月八日七百七十圓

四日

時在金七千八百六十八圓五十錢

前日高七千八百六十八圓五十錢上

扌

、白信明入準木一千五百疋文代金一千三百五十圓

、白木秩去準木一千五百疋文代金一千三百五十圓

扌

、第一銀行入小切手第一號金一千三百五十圓

、白信用給白木價右銀行小切手給一千三百五十圓

、白木秩去準木三十隻運來卜價三圓下

時在金七千八百六十五圓五十錢

五日

前日高七千八百六十五圓五十錢上

四介松都治簿法　第十八章　日記綴方例

五五

、白蔘秩去同竹(三十片)十斤之代金九十圓下

時在金七千七百七十五圓五十錢

六日

前日高七千七百七十五圓五十錢上

中、李甲述入各項紬物價合金四千圓

中、又入各種布屬價合金三千圓

、紬物秩去各項紬物價合金四千圓

、布屬秩去各種布屬價合金三千圓

中、方仁準貸入申義植推次於音七千圓

中、李甲述給紬及布價畢右於音給七千圓

時在金七千七百七十五圓五十錢

七日

前日高七千七百七十五圓五十錢上

中、紬物秩入安亢羅二十疋上代金一百四十圓

中、金乙先放安亢羅二十疋上代金一百四十圓

、又入安亢羅價本月十一日推次自己於音一百四十圓

、於音秩去金乙先本月十一日出次金一百四十圓

時在金七千七百七十五圓五十錢

八日

前日高七千七百七十五圓五十錢上

、紬物秩入鐵原紬一百五十疋上代金九百圓

中、崔丙奎放鐵原紬一百五十疋上代金九百圓

、又入右物價條本月二十一日自己出次於音九百圓

、於音秩去崔丙奎本月二十一日出次金九百圓

、紬物秩去鐵原紬一百五十疋居口金七圓下

時在金七千七百六十八圓五十錢

## 九日

前日高七千七百六十八圓五十錢上

、紬物秩入眞絲一百斤[illegible]代金二百八十圓

中、安丁玉去眞絲一百斤[illegible]代金二百八十圓

、又入機張藿三十隻合六百束為代減[illegible]實金二百七十三圓

、機張藿秩去同物三十隻合六百束為代減七圓餘實二百七十三圓

、又去同物運來費金三圓下

中、安丁玉入眞絲價中藿價相計餘錢七圓上

時在金七千七百七十二圓五十錢

十日

前日高七千七百七十二圓五十錢上

、紬物秩去同物三百疋呰代金一千一百四十圓下

才、鄭戊敬去兎山紬三百疋染工中先給金八十圓下

時在金六千五百五十二圓五十錢

十一日

前日高六千五百十二圓五十錢上

、生苧秩去韓山生苧一百五十疋價合金五百八十九圓下

、生苧秩去一百五十疋居口給金八圓下

、又入同物五疋價金二十圓

、又去同物九十五疋練工給二十圓

時在金五千九百五十五圓五十錢

十二日

前日高五千九百五十五圓五十錢上

、布屬秩入安東布一百疋價合五百五十圓

、雜貨秩去朴已大五房雜貨合金五百五十圓

、又入雜貨放價金三百五圓上

才、於音秩還給權禮得條三帖紙價給三百五圓下

時在金五千九百五十五圓五十錢

十三日

前日高五千九百五十五圓五十錢上

、布屬秩入北布九十疋リ代金一百八十圓
、宋庚守去北布九十疋リ代放金一百八十圓
、公用秩去冷麵價金三圓下

時在金五千九百五十二圓五十錢

十四日

前日高五千九百五十二圓五十錢上
、布屬秩入慶布一百疋에代金一百十五圓
、劉辛雄去慶布一百疋에代金一百十五圓
、又入右物價中先上金五十七圓五十錢上

時在金六千〇十圓

十五日

前日高六千〇十圓上

、劉辛雄債給三月三十日捧次金一百五十圓下

、利子秩入右人條三朔邊利先上金十三圓五十錢上

**時在金五千八百七十三圓五十錢**

**十六日**

前日高五千八百七十三圓五十錢上

、紬屬秩入兎山色紬三百疋價合金一千四百圓

、生苧秩入白苧九十五疋價合金四百五十圓

中、白壬周去兎山紬三百疋價合金一千四百圓

中、又去白苧九十五疋價合金四百五十圓

中、又入右兩種物價合金一千八百五十圓上

、信成號還給前債條白壬周給金四百圓下

、於音秩去白壬周二月晦日出次於音一片金一千圓下

時在金六千三百二十三圓五十錢

十七日

前日高六千三百二十三圓五十錢上

、布屬秩入公春一千八百七十五尺𠬝代金三百五十六圓二十五錢

、洪癸化去公春一千八百七十五尺𠬝代金三百五十六圓二十五錢

、又入統營笠子二十立價合金八十圓

、又入濟網五竹價合金三十八圓七十五錢

、笠子秩去統營笠子二十立代金八十圓

、網巾秩去濟網五竹代金三十八圓七十五錢

、皮物秩去山皮二十張赤皮五張狸皮五張合三十張價合金九十圓下

ㅊ、又入同物三十張價合金一百九圓上

時在金六千三百四十二圓五十錢

十八日

前日高六千三百四十二圓五十錢上

ㅊ、於音秩還入金乙先捧金一百四十圓上

ㅊ、沈智元還給金七百七十圓下

ㅊ、鄭戊敬還入八十圓

ㅊ、紬物秩去兎山紬染工八十圓

去 〥十錢 〡〤〡〤〢万

入 〥十錢 〢〣〦〣〢万

時在金五千七百十二圓五十錢

(此兩段胡算은決算時에試흔例)

本章最末端의算表를置흔者는決算時試算흔者이니或臨時調査흘時에도此等試算을用흠이例則이니라

# 第十九章 他給長冊綴方例

(注意) 一、本章行頭에(亼)의行劃과及內字秩字의諸例ᄂᆞᆫ第十五章松都日記와長冊의特用字及符號置ᄒᆞᄂᆞᆫ例를叅照ᄒᆞᆯ지며

一、本章書行例ᄂᆞᆫ一座에對ᄒᆞ야座目되ᄂᆞᆫ人의姓名이나物品의秩은大字로特書ᄒᆞ고次에記事ᄂᆞᆫ小字로列書ᄒᆞ되記事欄은恒常數行의餘白을置ᄒᆞᆯ지니만약當座의關係가消滅되기前에餘白이無ᄒᆞᆫ時ᄂᆞᆫ本座ᄂᆞᆫ一座의號를書頭에置ᄒᆞ고第一座의殘高를決算ᄒᆞ야第二座로座目을特置ᄒᆞᆫ後第一座의決算殘高를初行에記入ᄒᆞ고第二座가滿了된時ᄂᆞᆫ前例와同히第三、第四座로次第移去ᄒᆞᆯ지니預히當座의去來를叅酌ᄒᆞ야關係가複雜ᄒᆞᆫ境遇에ᄂᆞᆫ本座의餘白을多數히準備ᄒᆞᆷ이良好ᄒᆞ니라

一、本章篇頭에算表와記事欄列書末端에圈點은決算時에試ᄒᆞᄂᆞᆫ本例이니記事欄列書末端圈點票ᄂᆞᆫ決算後他座를用치아니ᄒᆞ고繼續記入ᄒᆞᆯ境遇이면決算以前以後를分析ᄒᆞ기에必要ᄒᆞ니라

外上長冊도此例와同홈

大正五年正月　日大吉辰

# 他給長册第一

他給長册의篇題

他給長冊의篇題

丨乂丄
丨万

# 歲大正五年陰丙辰正月日大吉辰他給長册

信成號入 丙辰正月一日資本金一萬五千圓〇

り 丙辰正月十六日前債條白壬周給金四百圓

文 方仁準入 丙辰正月初一日任置金二千圓、初六日申義植推次於音七千圓〇

△權禮得入 丙辰正月初二日見様紙十五塊𠯈代金七百〇五圓

り 丙辰正月初二日見様紙價中卽錢給四百圓、又二月一日給次於音給三百〇五圓

△沈智元入　丙辰正月初三日慶布七百疋卜代正月八日給次金七百七十圓〇

ᄒᆞ　正月十八日給金七百七十圓畢給

△白信明入　丙辰正月初四日準木一千五百疋文代金一千三百五十圓〇

ᄒᆞ　丙辰正月初四日準木價第一銀行切手給一千三百五十圓

△於音秩入　丙辰正月二日本於音二月一日給次三百〇五圓〇

ᄒᆞ　丙辰正月十二日給三百五圓

以上權禮得에記入ᄒᆞ於音

△李甲遞入 丙辰正月初六日各種紬物價合金四千圓、又各種布屬價合金三千圓○

〃 丙辰正月初六日紬物布屬價申義植於音給七千圓

利子秩入 丙辰正月十五日劉辛雄債條三朔邊捧金十三圓五十錢○

又 皮物利子十九圓

# 第二十章 外上長册의綴方例

(注意)本章例는他給長册의注意를叅照하라

歲在丙辰陰正月 日大吉辰

# 外上長册 第一

外上長册의篇題

七五

外上長冊의篇題

七六

歲在丙辰陰正月 日大吉辰外上長册 第一

第一銀行去 丙辰正月初一日當座預金八千五百圓○

丙辰正月初四日小切手第一號金一千三百五十圓○

公用秩去 丙辰正月初一日空册十部價金一圓五十錢、十二日冷麵價金三圓○

家舍秩去 丙辰正月初一日本商店用地段價金一百五十圓、又本店修理費金三十圓○

四介松都治簿法 第二十章 外上長册의綴方例

七七

十圓

中義植去 丙辰正月初一日漢陽木一百疋價中預給金五十圓○

百

紙物秩去 丙辰正月初二日同物十五塊代金七百○五圓○

千

布屬秩去 丙辰正月初三日慶布七百疋卜代金初八日本金七百七十圓、初六日各種布屬價合金三千圓○

丙辰正月十二日安東布一百疋價合五百五十圓、十三日北布九十疋リ代金一百八十圓、十四日慶布一百疋代金一百十五圓、十七日公春一千八百七十五尺段代金三百五十六圓二十五錢

〡〣〥[illegible]
千

白木秩去 丙辰正月初四日準木一千五百疋文代金一千三百五十圓、又同物三十隻運來價金三圓○

〩
十

白蔘秩去 丙辰正月初五日同物三十片十斤文代金九十圓○

〡〤〢〦
千

紬物秩去 丙辰正月初六日各項紬物價合金四千圓、初八日同物居口給金七圓、初十日兎山紬三百疋[illegible]代金一千一百四十圓○

ㅁ

丙辰正月初七日安兀羅二十疋　代金一百四十圓、初八日鐵原紬一百五十疋上代金九百圓、九日眞絲一百斤[illegible]代金二百八十圓、十六日兎山色紬三百疋價合金一千四百圓○

△金乙先放

丙辰正月初七日安亢羅二十疋上代金一百四十圓

丙辰正月初七日安亢羅價本月十一日推次自己於音一百四十圓

△於音秩去

丙辰正月初七日金乙先正月十一日出次於音一百四十圓、初八日崔丙奎正月二十一日出次金九百圓、十六日自壬周二月晦日出次金一千圓○

丙辰正月十八日金乙先於音捧金一百四十圓○

△崔丙奎放

丙辰正月初八日鐵原紬一百五十疋上代金九百圓

丙辰正月初八日自己於音正月二十一日出次金九百圓

丄⊥刂
百

△安丁玉去　丙辰正月初九日眞絲一百斤丨圭代金二百八十圓

ㄲ　丙辰正月初九日機張藿三十隻合六百束㐅代減[illegible]餘實金二百七十三圓、又眞絲價
中藿價計餘錢七圓　合二百八十圓計上

機張藿秩去　丙辰正月初九日同物三十隻各六百束㐅代減[illegible]餘實二百七十三圓、同
物運來費金三圓〇

△鄭戊庚去　丙辰正月初九日兎山紬三百疋染工中先給金八十圓

ㄲ　丙辰正月十八日入八十圓

〡[illegible]
百

# 生苧秩去

丙辰正月十一日韓山生苧一百五十疋價合五百八十九圓、又同物居口金八圓
同物九十五疋棟工金二十圓○

**ㅁ**

○丙辰正月十一日同物五疋價金二十圓、二十六日白苧九十五疋價合金四百五十圓

〢〤〥
百

# 雜貨秩去

丙辰正月十二日朴己大買入雜貨價合五百五十圓○

**ㅁ**

丙辰正月十二日雜貨放賣價合二百○五圓○

〡〨
百

# 宋庚守去

丙辰正月十二日北布九十疋〃代金一百八十圓○

劉辛雄去 丙辰正月十四日𢇁布一百疋代金一百十五圓、又債給丙辰三月卅日捧次一百五十圓○

丙辰正月十四日先上金五十七圓五十錢○

△白壬周放 丙辰正月十六日兎山色紬三百疋價金一千四百圓、又白苧九十五疋價金四百五十圓

丙辰正月十六日物價上金一千八百五十圓畢入

洪癸化放 丙辰正月十七日公春一千八百三十五尺𠬝代金三百五十六圓二十五錢○

丙辰正月十七日統營笠二十立價金八十圓、又濟網五竹價金三十八圓七十五錢○

笠子秩去 丙辰正月十七日統營笠二十立代金八十圓〇

網巾秩去 丙辰正月十七日濟網五竹代金三十八圓七十五錢〇

△皮物秩去 丙辰正月十七日山皮二十張、赤皮五張、狸皮五張合三十張代金九十圓〇

丙辰正月十七日同物三十張放代金一百〇九圓〇

# 第二十一章 決算時綴方四介의分立例

## (가)會計册

會計册은補助簿一種에屬한者이니本會計는以上例題를決算한者이라

# 會計冊

會計冊의篇題

八八

# 會計册

(一)

## 給次秩

信成號給次金一萬四千六百圓

方仁準給次金九千圓

債給利子秩給次十三圓五十錢

皮物利文十九圓

(二)

## 捧次秩

(注意)本秩行頭에打點及算表는合算時에利益計算을試ᄒᆞᆫ例이라

第一銀行當座預金殘額七千一百五十圓

公用秩捧次金四圓五十錢

家舍秩去文一百八十圓

申義植去文五十圓

、見樣紙十五塊去文七百〇五圓

、布屬秩去文二千五百六十八圓七十五錢

、白木秩去文一千三百五十三圓

、白蔘秩去文九十圓

、紬物秩去文二千五百七圓（本算은二千四百二十七圓）

於音秩去文一千九百圓

、機張藿去文二百七十六圓

、生苧秩去文一百四十七圓

、雜貨秩去文二百四十五圓

宋庚守去文一百八十圓

劉辛雄去文二百〇七圓七十錢

洪癸化去文二百三十七圓五十錢

、笠子秩去文八十圓

、網巾秩去文三十八圓七十五錢

**時在現金** 五千七百十二圓五十錢

(二)之附

## 在物記

(在物의價格은時價가低落된物은低落된價格으로計算호되其外는時價가高騰홀지라도本價로計算ᄒᆞ나니라)

(注意)此行頭에打點은日記冊第二로傳書時에用ᄒᆞᆫ者이라

、慶布六百疋卜代六百六十圓

、北布五百疋リ代一千圓

、安東布一百五十疋川代百五十圓

、公春三千五百尺ㅔ代六百三十圓

、見樣紙十五塊ㄠ代七百〇五圓

、白木一千五百疋卌代一千三百五十三圓

、白蔘十斤ㄆ代九十圓

、色紬二百疋ᄲ代七百圓

、鐵原紬一百疋丄代六百圓

、安亢羅一百疋合尺三千九百尺以代九百三十六圓
、德亢羅十五疋合尺六百三十五尺以代一百五十八圓七十五錢
五厘
、眞絲五十斤[illegible]代一百四十圓
、機張藿六百束[illegible]代二百七十六圓
、生苧五十疋文代一百八十圓
、雜貨各種價合三百圓
、笠子二十立乂代八十圓
、網巾五竹出代三十八圓七五錢

在物價合文 八千二百九十七圓五十錢〇五厘

利益秩(三)

利益文二百八十七圓〇五厘
皮物利文十九圓
利子文十三圓五十錢
三合文三百十九圓五十錢〇五厘**內**

(四)
**消費秩**
公用文四圓五十錢**除**

(나)
**純利益文** 三百十五圓〇五厘

## 第二十二章 決算時合算의實例

此章은決算時의最히重要흔機關이니入흔利益은何何物秩로셔生흔겻을計測하야入파去를整理흐고消費된公用秩은還上시키여全部의入과去가一目瞭然으로符合되여야以上治簿의信用이成立되나니라

# 決算帳

決算의篇題

# 試算의實例

(甲之一)

信成號入十八個日會計利益文三百十五圓〇〇五厘上

(甲之二)(注意)消費된公用을還上으로入하여야本算이整理되나니라

公用還上文四圓五十錢上

入合三百十九圓五十錢〇五厘

(乙之一)

布屬秩去過入文一百七十一圓二十五錢下

紬物秩去過入文二十七圓七十五錢五厘下

生苧秩去過入文三十三圓下

雜貨秩去過入文五十五圓下

皮物利子去過入文十九圓下

（乙之二）

債給利子秩去文十三圓五十錢下

去合三百十九圓五十錢〇五厘

# 第二十三章 後錄復簿의例 (三則)

本章은決算後에更히記事의性質을隨ᄒᆞ야次第로日記에轉記ᄒᆞ고諸類長册에傳書復位케ᄒᆞᄂᆞᆫ例라

# 復簿例

(一)

## 日記第二

(注意)日記册에編製는松都서白紙一束(卽二十枚)을十字樣으로折하야橫裁ᄒᆞ니凡四十枚라四十枚에서前後衣二枚는除ᄒᆞ고記事篇은三十八枚로證明ᄒᆞ나니此에日記第二를用홈은決算을經ᄒᆞᆫ結果로必히第二卷을用홈이아니라決算을試치아니ᄒᆞᆫ時라고第一册餘白이無ᄒᆞᆫ時는第二册을用ᄒᆞᆯ지며決算을經ᄒᆞᆫ後이라도第一卷에餘白이有ᄒᆞᆫ時는一卷에繼續記入하나니라

大正五年正月十九日

第一卷時在現金五千七百十二圓五十錢

見樣紙入七百〇五圓
布屬秩還入二千五百六十八圓七十五錢
白木秩還入一千三百五十三圓
白蔘秩還入九十圓
紬物秩還入二千五百〇七圓
生苧秩還入一百四十七圓
雜貨秩還入二百四十五圓
笠子秩入八十圓
網巾秩入三十八圓七十五錢
公用秩入四圓五十錢
信成號入會計利益金三百十五圓〇〇五厘
、皮物秩去前條十九圓
、利子秩還給十三圓五十錢

、布屬秩去慶布六百疋卜代六百六十圓
、同秩去北布五百疋刂代一千圓
、同秩去安東布一百五十疋川代四百五十圓
、同秩去公春三千二百尺㠯代六百三十圓
、紙物秩去見樣紙十五塊乂代七百〇五圓
、白木秩去準木一千五百疋刈代一千三百五十三圓
、白蔘秩去白蔘十文代九十圓
紬物秩去色紬二百疋川㐅代七百圓
、同秩去鐵原紬一百疋丄代六百圓
、同秩去安亢羅一百疋合尺三千九百尺Ⅸ代九百三十六圓
、同秩去德亢羅十五疋合尺六百三十五尺Ⅱ㐅代一百五十八圓
七十五錢五厘
、同秩去眞絲五十斤㠯代一百四十圓

、魚藿秩去機張藿六百束乂工代二百七十六圓

、生苧秩去生苧五十疋支代一百八十圓

、雜貨秩去雜貨各種代合三百圓

、笠子秩去笠子二十立乂代八十圓

、網巾秩去網巾五竹[illegible]代三十八圓七十五錢

(二)

# 他給長册

(注意)本例는決算後이라도第十九章說明과如히本秩列書末端에圖圈을置ᄒᆞᆫ次에記入ᄒᆞᆷ이一例이오又는第二他給長册을用ᄒᆞ던지本第一餘白에別行으로記入함도必要하니라

## 紙物秩入

見樣紙代金七百〇五圓

## 布屬秩入

二千五百六十八圓七十五錢

白木秩入　一千三百五十三圓

白蔘秩入　九十圓

紬物秩入　二千五百七圓

生苧秩入　一百四十七圓

雜貨秩入　二百四十五圓

笠子秩入　八十圓

綱巾秩入　三十八圓七十五錢

公用秩入　四圓五十錢

信成號入　會計利益金三百十五圓〇〇五厘

(三)

## 外上長册

(注意)本册注意는第二他給長册과一例이니라

**利益秩去** 十三圓五十錢、又皮物利條十九圓

**布屬秩去** 慶布六百疋代六百六十圓、又北布五百疋代一千圓、又安東布一百五十疋代四百五十圓、又公春三千五百尺代六百三十圓

**紙物秩去** 見樣紙十五塊代七百〇五圓

## 白木秩去

準木一千五百疋代一千三百五十三圓

## 白蔘秩去

白蔘十斤代九十圓

## 紬物秩去

色紬二百疋代七百圓、又鐵原紬一百疋代六百圓、又安允羅一百疋代九百三十六圓、
又德允羅十五疋代一百五十八圓七十五錢五厘、又眞絲五十斤代一百四十圓

魚藿秩去 機張藿六百束代二百七十六圓

生苧秩去 生苧五十疋代一百八十圓

雜貨秩去 三百圓

笠子秩去　笠子二十五立代八十圓

網巾秩去　網巾五竹二十八圓七十五錢

국립중앙도서관 THE NATIONAL LIBRARY

# 附錄

## 掌記例 二則

此ᄂᆞᆫ一部의去來를決算ᄒᆞᆫ者이니第十一章補助簿에屬ᄒᆞᆫ會計帳의係屬된者이라

# 附錄

# 掌記

## 給次掌記(一)

第一給次掌記의去座에記ᄒᆞᆫ兩行은本册의無ᄒᆞᆫ者를增記ᄒᆞ
야假定홈

大正五年陰正月初六日方仁準(計主印)會計(會計二字를或掌記라하ᄂᆞᆫ例도有홈)

入 丙辰正月初一日任置金二千圓
又同月初六日申義植推次於音七千圓

合九千圓 內

去 丙辰正月初六日三千圓
又同日一百三十三圓二十三錢

合三千一百三十三圓二十三錢 除

實餘給次伍千捌百陸拾陸圓七拾七錢也

(總計數字는具書가元例니라)

(計主印)

計主　信成號 印

(此로餘白을制限ㅎ나이라)

捧次掌記 (二)

大正五年正月十四日劉辛雄(計主印)會計

去 丙辰正月十四日慶布一百疋ᄯ代金一百十五圓

又債給丙辰三月三十日捧次金一百五十圓

合二百六十五圓內

入 丙辰正月十四日現金五十七圓五十錢

五十七圓五十錢計除

實餘捧次貳百〇七圓五十錢也 (計主印)

計主 信成號 印

**역자소개**

**정기숙**

영남대학교 경제학사, 동대학원 상학석사, 동대학원 경영학박사
University of Brigeport Intern, Purdue University 교환교수
오사카시립대학 객원교수
계명대학교 총무처장, 기획실장, 경영대학장, 산업경영연구소장, 경영대학원장
한국경영학회 부회장, 한국회계학회 부회장, 한국산업경영학회장, 대구사회연구소 이사장
현 계명대학교 명예교수, 정무장학학술재단 이사

[주요 저서 및 역서]

재무회계원리(경문사)
현대사회에서 회계의 역할(계명대출판부)
회계와 사회(명경사)
회계사상과 회계기준의 발전(경문사)
A Statement of Basic Accounting(基礎的會計理論에 관한 報告書)(계명대출판부)
A Statement of Basic Auditing Concept(基礎的監査概念에 관한 報告書)(계명대출판부)

역자와의
협의로
인지생략

**사개송도치부법(四介松都治簿法)**

저 자 현병주
주석·역자 정기숙
발 행 자 한헌주
발 행 처 도서출판 경문사
서울특별시 서대문구 독립문로 21-9
전화 738-7035 FAX. 722-4678
E-mail : kmsp@korea.com
홈페이지 : http://www.kmsp.co.kr
등 록 1995년 11월 9일 제300-1995-138호

2015년 12월 22일 초판인쇄
2015년 12월 29일 초판발행

정가 18,000원
ISBN 978 89-420-0842-1 93320